D0839154

LAURENT DUVERNAY-TARDIF

« L'homme le plus intéressant de la NFL »

**Catalogage avant publication de Bibliothèque et Archives
nationales du Québec et Bibliothèque et Archives Canada**
Cayouette, Pierre
    Laurent Duvernay-Tardif: «l'homme le plus intéressant de la NFL»
    ISBN 978-2-89077-762-0
    1. Duvernay-Tardif, Laurent. 2. Joueurs de football américain - Missouri -
Kansas City - Biographies. 3. Médecins - Québec (Province) - Biographies. I. Titre.
II. Titre: Homme le plus intéressant de la NFL.
GV939.D88C39 2017   796.332092   C2016-942514-2

COUVERTURE
Graphisme: Antoine Fortin
Photos: Chiefs de Kansas City, Steve Sanders;
Faculté de médecine de l'Université McGill, Christina Moro

INTÉRIEUR
Mise en pages: Michel Fleury

CAHIER PHOTOS
Toutes les photos appartiennent à la collection personnelle de
Laurent Duvernay-Tardif, exceptées celles des pages ci-dessous.
p. 5: McGill University Athletics, Andrew Dobrowolskyj (haut);
McGill University Athletics (bas)
p. 6: McGill University Athletics, MCpl Vincent Carbonneau, Rideau Hall
p. 7 à 9 et 10 (bas): Chiefs de Kansas City, Steve Sanders
p. 11 (bas): Dominique Lafond
p. 12-13: JP Béland
p. 15: Martin Girard, Shoot Studio

*Une partie des droits d'auteur sera versée à la Fondation Laurent-Duvernay-Tardif
qui vise à promouvoir l'activité physique et les saines habitudes de vie chez les
jeunes. Son but est de valoriser le modèle de l'étudiant actif en encourageant le
juste équilibre entre les études et le sport. Pour toute information au sujet de la
Fondation, visitez le site* **fondationldt.com**

© 2017, Flammarion Québec

ISBN 978-2-89077-762-0
Dépôt légal: 2ᵉ trimestre 2017

Imprimé au Canada sur papier Enviro 100% postconsommation,
traité sans chlore, accrédité ÉcoLogo et fait à partir de biogaz.

www.flammarion.qc.ca

Pierre Cayouette

LAURENT DUVERNAY-TARDIF
« L'homme le plus intéressant de la NFL »

biographie

PRÉFACE

J'ai rencontré la famille Duvernay-Tardif au mont Sainte-Anne il y a près de dix ans, alors que plusieurs passionnés de plein air s'étaient rassemblés pendant la période des Fêtes. Ce qui m'avait particulièrement frappée à l'époque, c'était la stature imposante du petit «Lolo» (comme le surnomme affectueusement son père) et la façon dont il prenait soin de ses sœurs.

Quelques années plus tard, lors du lancement de la navette spatiale Endeavour, avec Julie Payette à son bord, j'ai pu connaître un autre aspect fascinant de sa personnalité. Laurent manifestait cette grande curiosité sociale et intellectuelle que lui avaient inculquée ses parents. Ceux-ci ont toujours misé sur les relations humaines à la maison, et les enfants Duvernay-Tardif étaient encouragés à découvrir la nature et à tisser des liens avec les gens qui les entouraient. Chez eux, la passion et la persévérance étaient très valorisées, pas le talent ni la performance, mais vraiment le fait d'être inspiré par quelque chose et d'y mettre l'effort nécessaire pour réussir.

C'est sans surprise que j'ai appris plus tard qu'il occupait la position de garde sur la ligne offensive dans la NFL. Comme ses sœurs, son quart-arrière n'a pas trop à s'inquiéter lorsqu'il est là…

Vous serez peut-être étonné d'apprendre que, tout jeune, Laurent ne savait probablement même pas différencier la NFL de la LNH et qu'il n'a même jamais rêvé de devenir joueur de football professionnel – il ne regardait pas le Super Bowl et, d'ailleurs, la télévision était entreposée dans la garde-robe de la maison.

Il est sans contredit un homme de cœur et s'il est devenu ce qu'il est aujourd'hui, c'est par la passion et la détermination. Pour lui, la NFL n'a jamais été une fin en soi, ni la médecine d'ailleurs. C'est plutôt l'amour pour le sport et le souci de l'autre qui l'ont poussé à travailler fort et à faire des choix pour arriver à conjuguer ses deux passions.

Évidemment, ses objectifs ont grandi avec les années… tout comme lui d'ailleurs!

Je dis souvent que nous sommes le produit de notre environnement: Laurent Duvernay-Tardif en est un bon exemple. Il n'avait pas encore de contrat dans la NFL qu'il pensait déjà à redonner à la communauté en s'engageant auprès des plus jeunes. Il a toujours voulu contribuer à la construction d'un milieu propice au bon développement des générations à venir. La médecine et le football se sont simplement avérés les meilleurs moteurs, les plus stimulants pour lui, afin de réaliser ses objectifs.

Son cheminement sportif m'a aussi particulièrement frappée. Contrairement à plusieurs athlètes d'élite, Laurent a touché à diverses disciplines avant de découvrir son amour pour le football. Il est la preuve qu'on peut pratiquer plusieurs sports jusqu'à l'adolescence, avant de trouver sa passion et sa voie, et d'y exceller.

Au fil des années, j'ai rencontré beaucoup d'athlètes d'ici et d'ailleurs, et rares sont ceux qui ont compris si tôt dans leur carrière la responsabilité sociale qui accompagne la notoriété. Laurent entend faire une réelle différence dans la société ! Pour moi, ce qui est le plus admirable, c'est qu'il veut s'investir personnellement en mettant ses connaissances et sa popularité au service de la promotion de saines habitudes de vie auprès des jeunes de tous les milieux.

En somme, peu importe le métier ou le sport qu'on exerce, c'est toujours l'individu qui fait la différence – beaucoup de travail, du cœur au ventre, un équilibre de vie, sans oublier les valeurs qui nous ont été inculquées. Voilà pourquoi le parcours de Laurent est déjà terriblement inspirant. La suite est pleine de promesses et je lui souhaite une belle continuation.

SYLVIE BERNIER

À la mémoire de mes amis disparus
Georges-Hébert Germain et Guy Deshaies.

AVANT-PROPOS

Dans l'avion qui les ramenait de Londres, quelques heures à peine après leur écrasante victoire de 45 à 10 contre les Lions de Détroit devant une foule immense entassée dans le mythique stade de Wembley, les joueurs des Chiefs de Kansas City faisaient la fête.

Bon an, mal an, la Ligue nationale de football américain (NFL) prévoit à son calendrier deux matchs en Grande-Bretagne. Au début de novembre 2015, ce fut au tour des Chiefs de faire l'expérience d'une joute outre-mer.

Dans la cabine, les haut-parleurs crachaient à tue-tête les succès hip-hop de l'heure. On se permettait même quelques verres, en dansant dans les allées. Le vol de neuf heures entre Londres et Kansas City se prêtait bien à l'un de ces rares moments de libations, une parenthèse inespérée dans cette saison longue et exigeante. D'autant plus que, le lendemain, début de la semaine de repos annuelle, ce serait congé d'entraînement, de visionnement de séquences vidéo, de séances de musculation, de bains de glace et de réunions pour tous. Chaque équipe a droit en effet à une semaine de relâche en milieu de saison. Cette pause permet aux athlètes de récupérer et à plusieurs de soigner quelques inévitables blessures. C'est le repos des guerriers.

Ce jour-là, dans l'avion, un seul joueur demeure vissé à son siège, branché à un immense casque d'écoute rouge de Bose. Il ne parle pas, ne danse pas, ne boit que de l'eau. C'est Laurent Duvernay-Tardif, le numéro 76, garde à droite partant depuis le début de la saison. Sous les regards incrédules de ses coéquipiers, le « Canadian Doc » – ainsi que l'appellent parfois ses copains de vestiaire – a le nez plongé dans un manuel de chirurgie, un livre épais comme un annuaire téléphonique de l'ère prénumérique. Il se pré-pare fébrilement à un examen, qui aura lieu le mercredi suivant, à la faculté de médecine de l'Université McGill, à Montréal.

L'envolée vers Kansas City est longue et Laurent, encore gonflé par l'adrénaline, a l'intention d'en profiter à fond pour étudier. Il ne fermera pas l'œil de la nuit. Comme c'est le cas après chaque match, il a les bras couverts d'ec-chymoses, douloureuses traces de ses corps-à-corps avec quelques mastodontes des Lions. Il ne sent rien, cepen-dant, tout absorbé qu'il est par son traité de chirurgie.

Les Chiefs rentreront aux États-Unis à quatre heures du matin. Après une courte réunion d'équipe au complexe d'entraînement, l'étudiant en médecine se précipitera à l'aéroport et prendra un vol vers Montréal. Une fois à son appartement de la rue Saint-Denis, il tentera une méthode plutôt risquée : dormir deux heures, étudier deux heures, dormir deux heures, étudier deux heures, et ainsi de suite, jusqu'au mercredi, jour de l'examen… qu'il réussira haut la main, bien entendu ! Pendant ce temps, ses coéquipiers mettront le cap sur la Floride ou autres destinations vacances, le temps de refaire le plein et de voir leurs proches.

Décidément, le destin de Laurent Duvernay-Tardif ne ressemble en rien à celui de la plupart des athlètes professionnels. Jouer dans le plus prestigieux circuit sportif en Amérique, tout en poursuivant des études de médecine : voilà qui fait de lui un être assez exceptionnel. De là à devenir un sujet de biographie, déjà ? Laurent n'a que vingt-six ans, après tout. À cet âge, on a la vie devant soi et des lendemains pleins de promesses, comme le dit la chanson. L'heure du bilan n'a pas encore sonné. Alors, non, ce ne sera pas une biographie classique. Ce sera plutôt un récit de son parcours, de l'enfance à ce jour, et un condensé du message qu'il ressent le besoin de transmettre aux jeunes dès maintenant, m'a expliqué le garde des Chiefs quand il m'a proposé de rédiger ce livre. Un message ? Il n'a rien d'un gourou ni d'un guide de psycho-pop, je vous rassure. Je pense tout de même sincèrement qu'il a beaucoup à dire, notamment aux jeunes en quête de modèles ou peu motivés par les études. Mais pas seulement à eux. Il s'adresse en fait à tous ceux, étudiants ou non, qui se croient forcés de choisir entre deux passions. Il n'a renoncé ni aux études ni au football et ne le regrette pas.

«Au fait, on joue contre qui, la semaine prochaine?»

Dimanche 13 septembre 2015. Laurent Duvernay-Tardif s'apprête à prendre part à son premier match à titre de partant dans la NFL, l'organisation sportive de loin la plus riche, la plus puissante, la plus prestigieuse de l'Amérique du Nord. Il y a deux ans à peine, il portait les couleurs des Redmen de McGill, dans le circuit universitaire québécois, une équipe vaillante issue d'une longue tradition mais tout de même reléguée aux bas-fonds du classement à force d'accumuler les défaites. À domicile, il se produisait très rarement devant plus de mille spectateurs. Il était habitué aux stades modestes et aux foules clairsemées.

Le voici maintenant membre à part entière des Chiefs de Kansas City, l'une des plus importantes franchises de la NFL, bien que sa dernière conquête du Super Bowl remonte à 1970. L'équipe fondée par le célèbre homme d'affaires Lamar Hunt en 1960 appartient dorénavant à son fils, Clark Hunt. Elle rassemble plusieurs grandes vedettes, dont Alex Smith, Jamaal Charles, Travis Kelce et Eric Berry. Les Chiefs, après quelques années difficiles, redeviennent une puissance de la Ligue. Laurent sera bel et bien des leurs.

Il se retrouvait maintenant sur le terrain du stade NRG, domicile des Texans de Houston – où fut disputé le cinquante et unième Super Bowl le 5 février 2017 –, là où soixante-neuf mille cinq cents partisans hostiles les attendaient, ses coéquipiers et lui. Il avait peine à y croire. Il avait mis tant d'efforts pour être de la formation partante, lors du camp d'entraînement qui s'achevait, qu'il en avait presque oublié ce premier match et tous ceux qui suivraient! Imaginez un acteur qui déploie toutes ses énergies aux auditions en vue d'un grand rôle au théâtre. Une fois qu'on lui a dit oui, il devra ensuite répondre présent à toute la série de représentations.

«Au fait, on joue contre qui, la semaine prochaine?» a demandé Laurent à un coéquipier quand il a eu la confirmation qu'il avait enfin décroché son poste de partant. Il s'était à ce point donné durant le camp d'entraînement qu'il n'avait même pas trouvé le temps de jeter un œil sur le calendrier de l'équipe. Le but qu'il s'était fixé avant la saison était atteint. Cela n'était toutefois que le début de l'aventure. Tout restait à faire.

Au Texas, le football constitue une véritable religion. Ceux qui ont lu le best-seller américain *Friday Night Lights,* de l'auteur H.G. Bissinger, savent que même les équipes des *high schools* – l'équivalent de l'école secondaire –, comme celle des Permian Panthers d'Odessa, se produisent devant des foules de vingt mille spectateurs et deviennent des vedettes avant d'avoir quitté l'adolescence. Quant aux joueurs universitaires américains, ils se produisent régulièrement dans des stades où s'entassent plus de cent mille spectateurs. Leurs parties sont télédiffusées par les principaux réseaux nationaux, aux heures de grande écoute.

Au stade des Texans, comme dans bien d'autres arènes, l'équipe à l'attaque doit avoir recours à des cadences silencieuses tellement la foule est assourdissante. Il est carrément impossible pour Laurent et ses coéquipiers sur la ligne offensive d'entendre les consignes de leur quart-arrière, Alex Smith. Il faut dire qu'à ce chapitre les partisans des Chiefs n'ont rien à envier à ceux des trente et un autres clubs. Le stade Arrowhead, à Kansas City, détient en effet le record du stade le plus bruyant au monde depuis qu'une pointe de 142,2 dB a été enregistrée. Ce niveau sonore est supérieur à celui généré par un avion à réaction au décollage.

Pour la première fois depuis qu'il a intégré l'équipe un an auparavant, donc, Laurent sera joueur partant dans un match de la NFL. Il aura devant lui deux des meilleurs joueurs défensifs du circuit, les légendaires J.J. Watt et Vince Wilfolk, deux colosses, deux habitués du Pro Bowl – le match des étoiles –, qu'il devra bloquer pour éviter qu'ils n'atteignent le quart-arrière. Il est prêt. Il a fait le nécessaire pour se préparer à ce grand jour ; il a passé des heures à regarder puis à analyser des vidéos montrant les diverses stratégies défensives des Texans.

Des amis sans doute bien intentionnés lui ont envoyé des montages tirés de YouTube dans lesquels on voit le terrifiant J.J. Watt se moquer du garde devant lui et se précipiter sur le quart-arrière adverse avant de le clouer au sol et de se relever, triomphant, en gonflant ses biceps saillants. Ses bras sont si longs qu'ils pendent jusqu'aux genoux quand il marche. Il est la terreur des quarts-arrières du circuit. Laurent sait que Watt cherchera à l'intimider, à lui rappeler son statut de recrue. Il doit se répéter qu'il est plus fort que lui et qu'il sera de taille. C'est ce type de mentalité qu'il faut développer pour survivre dans cette jungle. Ce n'est pas l'endroit pour douter de soi ni pour avoir peur. «Quand tu foules le terrain, tu dois être en confiance, conscient que tu possèdes tous les outils et attributs pour dominer l'adversaire», dit-il.

Il s'était préparé toute la semaine avec son coéquipier sur la ligne offensive Eric Fisher. Or, Laurent a appris jeudi, en soirée, que ce dernier ne participerait pas au match de dimanche, en raison d'une blessure. Il serait remplacé par Jah Reid, embauché par les Chiefs il y a moins d'une semaine, après avoir été retranché par les Ravens de Baltimore.

Peu enclin au stress et réputé pour ses nerfs d'acier, le jeune garde des Chiefs s'est néanmoins senti fébrile à l'idée d'avoir lui-même à expliquer au nouveau venu le livre de jeux et à étudier avec lui la défensive des Texans, comme s'il avait été un vétéran, lui, une verte recrue! Il s'est donc exercé avec Reid une seule fois, le vendredi matin. C'est bien peu.

Laurent et ses coéquipiers se sont envolés pour Houston le samedi, veille du match, à la fin de la matinée. Ses parents ont fait le voyage depuis Montréal et ils avaient rendez-vous avec leur fils au début de la soirée à l'hôtel où l'équipe logeait. Ils sont tous les trois allés souper dans un bon restaurant, à l'extérieur de la ville. Ce soir-là, au beau milieu du repas, Laurent a vraiment pris conscience de sa progression fulgurante et des chambardements récents dans sa vie. Tout lui est revenu, comme dans un film que l'on se repasse en accéléré. Les images se bousculaient dans sa tête : les Redmen de McGill, les salles de cours de la faculté de médecine, puis la boulangerie familiale, à Mont-Saint-Hilaire. Il a vu défiler sa carrière de footballeur, depuis ses premiers pas, adolescent et insouciant, au sein des Pirates du Richelieu, à Belœil. Il s'est rappelé ses saisons avec les Phénix du collège André-Grasset, avec ses copains Racicot, Lorange, Desjardins et Davidson. Puis ses années à McGill. Il se retrouvait soudainement à Houston, à la veille de disputer, comme partant, le match inaugural dans l'uniforme des Chiefs de Kansas City. Que d'étapes franchies en si peu de temps ! De quoi donner le vertige.

Il savourait cet instant auprès de Guylaine et de François, ses parents auxquels il est très attaché. « Je sais qu'ils m'aiment inconditionnellement, qu'ils seront toujours là pour moi, quoi qu'il m'arrive, peu importe la suite de ma carrière de footballeur. » Du reste, ses parents ne veulent absolument pas entendre parler du clinquant de la vie d'athlète professionnel ni des salaires dans la NFL. Ce sont des questions qu'ils n'abordent jamais avec leur fils qui, lui, sait et sent qu'ils lui font pleinement confiance à ce propos.

Certains joueurs de football, sitôt repêchés par une équipe professionnelle, deviennent des soutiens de famille. Ils ont sur leurs épaules une pression supplémentaire que Laurent n'a pas à subir. D'autres perdent les pédales et s'achètent maison et voiture de luxe.

L'autre privilège dont Laurent estime jouir, c'est d'être l'enfant de parents qui ne sont pas de grands connaisseurs de football. Ils le deviennent peu à peu, forcément, surtout depuis qu'ils suivent tous les matchs des Chiefs. Ils connaissent désormais assez bien les règlements et ont même pris il y a quelque temps un abonnement à NFL Network, de manière à pouvoir regarder, bien installés dans leur salon, tous les matchs à la télé. Mais tout cela est très récent. Chez les Duvernay-Tardif, le téléviseur demeurait dans un placard et on ne le sortait que rarement. Son père, de qui il a hérité sa stature d'athlète, ne regardait jamais les matchs de football. Pas plus que Laurent, d'ailleurs. Ils ne s'affalaient même pas devant le hockey des Canadiens, comme le font la plupart des pères et fils québécois.

Certains jeunes athlètes subissent beaucoup de stress de la part de leur père entraîneur ou vrai mordu de football. On ne compte plus ceux qui ont été victimes depuis leur prime enfance d'un père qui avait des ambitions pour eux et qui désirait vivre son rêve d'atteindre les grandes ligues par procuration. Disons que Laurent n'a pas eu ce problème et ne ressemblait en rien à ces jeunes sur qui se projettent des parents ambitieux.

Après ce souper familial à Houston, qui a permis au jeune joueur de faire un retour sur sa vie, il est rentré à l'hôtel, à temps pour une réunion d'équipe. C'est à ce moment qu'un coéquipier lui a lancé: «Laurent, tu penses que c'est gros, la NFL, mais tu ne sais pas à quel point.» Le «Canadian Doc» se sentait comme un militaire à la veille d'aller au front. Un vétéran de toutes les guerres le mettait en garde. Heureusement qu'il ne souffre pas d'insomnie…

Il a par conséquent bien dormi, dans les circonstances, et s'est levé autour de sept heures, frais comme une rose, en se disant qu'il n'était plus qu'à six heures de son véritable début dans la NFL. Vers huit heures et demie, il a avalé un bol de pâtes et quatre œufs avant de monter dans le bus avec ses coéquipiers pour filer vers le stade. Il doit absorber au moins six mille cinq cents calories par jour pour faire le poids contre ces bulldozers qu'il repousse jeu après jeu. À quelques heures d'un match, il lui faut absolument faire le plein et s'assurer de ne pas manquer de carburant au dernier quart.

Son coéquipier avait raison : c'est immense, la NFL. Bienvenue dans le monde de la démesure! De l'aéroport à l'hôtel, puis de l'hôtel au stade, les joueurs roulent dans des autocars luxueux sous escorte. Des voitures de police les précèdent et les suivent. Des agents bloquent les bretelles des autoroutes avant leur passage. Tout ça a quelque chose d'irréel et on croirait voir un convoi présidentiel! À Green Bay, des partisans des Packers se massent le long de la petite route qui sépare l'aéroport du stade – il n'y a pas d'autoroute et il faut forcément emprunter cet itinéraire – pour huer et invectiver l'équipe adverse au passage de l'autocar. Il y a des mordus qui attendent pendant des heures pour avoir la joie de cracher sur le bus de l'ennemi ou de lui faire un doigt d'honneur.

Toute une armée d'employés des Chiefs se déploie pour faire en sorte que les joueurs ne manquent de rien et soient prêts à livrer leur performance maximale à partir de treize heures, le dimanche après-midi. Chaque détail compte. Peu importe la ville dans laquelle l'équipe se trouve, la sauce qui accompagnera les pâtes du repas d'avant-match sera la même. Quelqu'un s'occupe de donner la recette au chef cuisinier de l'hôtel, que l'on soit à New York, à Boston ou à Denver. Partout où s'arrête l'équipe, le filet mignon a exactement le même goût et est assaisonné des mêmes épices. Quand les Chiefs ont joué à Londres, on leur a servi la même sauce barbecue que celle qui se trouve sur les tables à Kansas City. Quelqu'un s'était chargé de l'inclure dans les bagages.

À quelques heures de l'affrontement, en arrivant dans le vestiaire déjà décoré aux couleurs des Chiefs, Laurent a vu avec émotion ses épaulières recouvertes de son chandail, le numéro 76. Il y avait plusieurs combinaisons, gants et chaussures. De fait, la veille d'un match, un préposé à l'équipement effectue divers tests sur le terrain afin de déterminer le meilleur type de souliers à utiliser. À Londres, plus tard dans la saison, les joueurs changeront de crampons une heure avant la partie. Certains râlaient. Or, il faut croire que le conseiller avait fait le bon choix, compte tenu de la victoire écrasante de Kansas City, ce fameux jour…

Environ une heure et demie avant le match, selon un horaire affiché à portée de vue dans le vestiaire, les joueurs foulent le terrain pour un léger échauffement, en survêtement. Le stade apparaît encore plus intimidant, plus monstrueux quand il est vide. On n'y trouve à ce moment que quelques représentants des réseaux de télévision qui effectuent des tests de son, révisent leurs notes ou font leurs dernières analyses d'avant-match. Des microphones seront installés à hauteur du terrain, de sorte que le partisan devant son téléviseur puisse entendre le fracas des contacts, le choc des collisions casque contre casque de même que les vociférations du quart-arrière avant la mise en jeu du ballon. Aucun microphone ni aucune caméra HD ne pourront toutefois faire ressentir aux téléspectateurs l'intensité de la bataille qui se déroule sur le terrain.

Après ce premier échauffement, les joueurs retournent au vestiaire pour enfiler l'uniforme complet. On leur fait des *taping* (bandages) aux chevilles, aux poignets ou ailleurs. La pression monte d'un cran, l'entraîneur-chef donne ses dernières consignes aux gladiateurs. « J'étais fébrile mais tout de même assez calme », se souvient Laurent.

Le moment qui suit est particulièrement euphorisant, raconte-t-il. Peu d'humains connaîtront cette sensation. « Quand tu pénètres dans le stade, un fort courant d'adrénaline te traverse. Tu ressens physiquement l'énergie des soixante-neuf mille cinq cents spectateurs, comme le souffle d'une explosion, comme une vibration indescriptible. Un grand frisson te brûle le corps. L'équipe locale arrive sous les acclamations, au milieu des lance-flammes et des éclats de pièces pyrotechniques. Le dernier à être présenté, c'est le numéro 99, J.J. Watt. C'est devant lui que je me retrouverai... »

Les Chiefs apparaissent ensuite, sous les huées. Un immense drapeau américain recouvre la surface de jeu pendant l'hymne national. L'ardeur patriotique des États-Uniens ne se dément pas. « Pendant le Star-Spangled Banner, tu toises les joueurs de la ligne défensive qui te font face. Chacun cherche à intimider l'autre. » C'est un ultime moment de paix avant la guerre. Un avion militaire survole le stade à basse altitude.

« Sitôt le match commencé, tu oublies complètement la foule, tu n'entends même pas la musique tonitruante entre les séquences et tu penses au gars devant toi, en l'occurrence à J.J. Watt. Tu mets ton énergie à trouver la faille chez l'adversaire. Tu as tellement répété tes jeux que tes gestes se font désormais naturellement. »

Un peu comme un pianiste qui s'est exercé durant des centaines d'heures à interpréter un concerto et qui, le soir du récital, laisse tout simplement couler la musique de ses doigts, les joueurs refont pendant des heures et des heures les jeux qu'ils auront à exécuter pour en arriver, le jour du match, à agir avec instinct. Cela ne signifie pas pour autant qu'il n'y a pas de place pour l'improvisation. « Tu pratiques contre certains fronts défensifs, mais les parties comportent souvent des stratégies nouvelles et tu dois t'ajuster. Il est donc important de comprendre les algorithmes et les concepts de jeux afin de savoir comment réagir », explique celui qu'on appelle parfois « LDT », acronyme de Laurent Duvernay-Tardif, un nom très long et très difficile à prononcer pour plus d'un Américain.

Une vérité apparaît assez clairement à quiconque parvient à décrocher un poste de garde dans la NFL : le droit à l'erreur n'existe pas. Si un joueur offensif accorde un plaqué du quart-arrière, il mettra ses coéquipiers dans le pétrin. Idem s'il ne réussit pas à ouvrir une brèche dans la défensive pour permettre au porteur de ballon de franchir des verges. Et des millions de téléspectateurs verront et reverront sa faute au ralenti. Si un joueur adverse échappe à une tentative de blocage, déjoue Laurent, plaque le quart-arrière puis le blesse, c'est la saison même de l'équipe qui est compromise.

On galvaude souvent l'expression « la force du mental » et on pense à la fameuse tirade du personnage que joue Marc Messier dans *Les Boys*. Il reste que tout est là dans ce sport comme dans bien d'autres : tout est dans « la force du mental », tout se passe entre les deux oreilles.

Le football est à la fois simple et complexe, comme le rappellent l'historien Marc Simard et l'entraîneur Mike Labadie dans un merveilleux petit ouvrage de vulgarisation[1] que Laurent a parfois suggéré à son entourage de lire.

Même le profane connaît le principe fondamental du jeu : amener le ballon dans la zone des buts de l'équipe adverse afin de marquer des points. Chaque équipe compte onze joueurs sur la surface de jeu (douze dans la Ligue canadienne) et dispose d'un certain nombre d'essais pour faire avancer le ballon de 10 verges (trois essais au football canadien, quatre au football américain). Quand elle a parcouru ces 10 verges dans le nombre d'essais attribués, elle obtient une nouvelle série d'essais, et ainsi de suite, jusqu'à ce que le ballon franchisse la ligne des buts de l'adversaire. L'équipe récolte alors six points et la possibilité d'ajouter un ou deux points additionnels par un converti ou une transformation de deux points. L'unité à l'attaque peut

---

1. Marc Simard et Mike Labadie, *Passion football. Le football expliqué*, Laval, Éditions Lauzier, 2004.

franchir ces 10 verges par un jeu au sol ou par une passe avant.

Ce que les profanes savent moins, c'est que le football est avant tout un sport de stratégie et de ruse qui présente de grands défis intellectuels. Il est comparable aux échecs. Voilà pourquoi les entraîneurs préparent de volumineux livres de jeux, tant pour la défensive que pour l'attaque, afin de déjouer l'adversaire et de faire face à toutes les situations. Aussi, les Chiefs bénéficient des services de statisticiens à plein temps chargés d'analyser les tendances des équipes adverses. Leur travail permet de fournir aux joueurs des pourcentages de probabilités des diverses pressions défensives en fonction des essais et des verges à franchir.

Dès ses premiers jours à Kansas City, Laurent a été mis au parfum par des vétérans : à titre de joueur offensif, tu as droit à cinq grosses erreurs mentales dans une saison de seize matchs. À la moindre défaillance, on te chassera et on te remplacera. Tu es assis sur un siège éjectable. Bon an, mal an, une quinzaine de joueurs de ligne offensive se présenteront au camp d'entraînement en vue d'obtenir l'un des sept postes disponibles. Puisque les contrats ne sont pas garantis, les athlètes doivent continuellement faire leurs preuves. Ainsi le veut la cruelle loi de la NFL. Les joueurs sont interchangeables comme des pions, au gré de leurs performances et de leurs effets sur la masse salariale de l'équipe.

« Jouer à cette position, c'est vivre un stress constant. La seule statistique qui permet de t'évaluer, c'est le nombre d'erreurs, de plaqués du quart que tu accordes. Un bon *lineman* vise un pourcentage de jeux négatifs inférieur à dix pour cent. Ça laisse peu de marge de manœuvre, puisqu'il faut réapprendre un livre de jeux presque au complet chaque semaine. C'est peut-être glamour, la vie d'un footballeur professionnel, mais c'est avant tout du travail, beaucoup de travail ! C'est un job précaire. La sécurité d'emploi, dans ce milieu, n'existe pas », dit Laurent.

Après chaque match, les joueurs de ligne offensive reçoivent une note pour chacun des quelque soixante-cinq jeux qu'ils ont exécutés. Quand le garde a effectué un excellent jeu, il obtient la note de « 1 ». S'il a fait le travail convenablement, on lui attribue un « 0 ». Et quand il a erré, par exemple, quand il est directement responsable d'un plaqué du quart, il reçoit la note de « -1 ». L'idée, c'est de ne pas avoir plus de quatre ou cinq notes négatives par match. Faute de quoi, le joueur sentira dans son cou le souffle d'un remplaçant. Il doit donc composer avec un stress de tous les instants.

Pour les non-initiés qui jettent distraitement un œil sur la télé lors des bulletins sportifs, il est quasi impossible de déterminer le rôle que joue un garde comme Laurent dans une séquence de jeu. Normal, car la caméra suit le ballon et Laurent n'y touche jamais. Dans le cas d'une passe de touché, par exemple, on verra le quart-arrière lancer le ballon, puis le receveur l'attraper dans la zone des buts. Cela donne des images spectaculaires. Si on connaît moins le football, on oublie tout le travail en amont… Dans le même esprit, on s'émerveillera de voir un porteur de ballon traverser une muraille de joueurs défensifs et atteindre la zone des buts. Or, généralement, il a fallu pour ce faire de superbes blocs[2] de ses coéquipiers.

Comme le soulignent les experts, les matchs se gagnent souvent grâce au travail des hommes à l'attaque. Ce sont eux qui permettent au quart-arrière de disposer de suffisamment de temps pour réussir une passe. Leur rôle est capital. Ce sont habituellement les gars les plus lourds sur le terrain. Ils doivent utiliser leur force pour ralentir et projeter au sol un joueur défensif qui fonce sur le quart-arrière ou sur le porteur de ballon. Ils doivent, en dépit de leur physique de géant, être rapides et posséder un excellent jeu de pieds, de manière à faire face aux diverses tactiques adverses. La ligne à l'attaque compte cinq hommes : un centre (celui qui remet le ballon au quart-arrière), deux gardes, un de chaque côté du centre (Laurent est garde à droite), et deux plaqueurs.

Le premier match de Laurent dans la NFL aura été une franche réussite. Il n'a bien sûr pas été parfait, mais il a fait de belles choses et, surtout, il n'a pas accordé de plaqué du quart. Les Chiefs ont vaincu les Texans de Houston par la marque de 27 à 20. « Je n'oublierai jamais cette sensa-

---

2. « Le bloc est une forme d'obstruction légale utilisée par les joueurs de l'équipe qui a possession du ballon. Ceux-ci doivent protéger le joueur qui a le ballon et empêcher les joueurs de l'autre équipe de le plaquer : c'est une technique qui est difficile et longue à maîtriser. Le bloc s'effectue de diverses façons, que ce soit avec les flancs, les épaules, les avant-bras ou les mains, mais toujours de face ou de côté. Le bloc par-derrière sera toujours pénalisé. » (Marc Simard et Mike Labadie, *Passion football. Le football expliqué*, Laval, Éditions Lauzier, 2004, p. 46.)

tion. Je n'oublierai jamais ce match non plus. Je n'aurais pu imaginer meilleur baptême de feu. J'ai réussi de beaux jeux contre Vince Wilfork et contre J.J. Watt. »

Ce jour-là, le quart-arrière, Alex Smith, a complété vingt-deux de ses trente-trois passes, signe qu'il a pu manœuvrer à sa guise dans sa poche protectrice. Grâce au travail rigoureux des joueurs à l'attaque, il disposait d'assez de temps pour bien trouver ses receveurs de passes. La stratégie mise en place par le coordonnateur de l'offensive de l'époque, Doug Pederson, a fonctionné à merveille.

Quand ils sont arrivés au stade, François Tardif et Guylaine Duvernay ont vu des centaines de supporteurs vêtus d'un chandail des Texans sur lequel étaient inscrits «99» et «Watt». Leur fils avait beau leur avoir décrit l'ampleur de la chose, ce n'est qu'une fois sur place qu'ils ont réellement saisi dans quel monde vivrait Laurent. Ils se sont empressés d'annoncer à leurs voisins de sièges, avec un brin d'orgueil, qu'ils étaient les parents de Laurent Duvernay-Tardif, le numéro 76 des Chiefs, celui qui allait affronter directement leur idole. Personne ne les croyait. Certains pensaient même qu'ils se payaient leur tête et n'appréciaient pas la blague. François et Guylaine étaient convaincus qu'ils prenaient place dans la section réservée aux proches des joueurs des Chiefs. Or, ils se trouvaient au beau milieu d'une manne de fanatiques des Texans. Heureusement, ils ont découvert leur erreur et se sont rendus aux sièges que Laurent leur avait réservés avec les partisans de Kansas City. Ils auraient peut-être passé un mauvais moment.

« Je crois que les victoires à l'étranger me font plus plaisir que celles à domicile. Il n'y a rien de plus jouissif que de constater que nous pouvons, nous, les onze joueurs à l'attaque, faire taire une foule hostile de soixante-dix mille personnes. »

Encore dans l'ivresse de la victoire, Laurent a retrouvé ses parents après la partie inaugurale contre les Texans. Ce jour-là, LDT a savouré pour la première fois la sensation d'être joueur partant dans la NFL. C'est une « drogue » dont il ne pourra plus se passer.

Bien sûr, il était bel et bien un membre en bonne et due forme des Chiefs lors de la saison 2014-2015 et faisait partie de l'effectif des cinquante-trois joueurs. Il n'avait toutefois pris part à aucun match du calendrier.

Il a patiemment fait ses classes et cela lui a rapporté gros. À la fin de cette première saison, l'entraîneur de la ligne offensive lui avait confirmé qu'il avait toutes les aptitudes requises pour être partant dès la prochaine saison et que cela devait être son objectif.

Le jeune garde s'était donc présenté au camp d'entraînement de la saison 2015-2016 avec la ferme intention de décrocher un poste dans la formation principale, que ce soit comme garde à droite ou comme garde à gauche. Il a fait partie de la deuxième unité offensive jusqu'au premier match préparatoire. Mais dès le deuxième match, il a intégré la première équipe. C'était un test et il l'a réussi, face à Michael Bennett, le numéro 72 des Seahawks de Seattle, l'un des joueurs de ligne défensive les plus redoutables du circuit. L'apprentissage en séance d'entraînement a ses limites. Il faut disputer des matchs pour assimiler le livre de jeux sans trop cafouiller.

De jour en jour, Laurent sentait qu'il progressait à grand rythme. L'impression s'est confirmée quand on lui a permis d'être partant au troisième match d'avant-saison. Au quatrième match préparatoire, on l'a laissé de côté. C'était bon signe : les membres de la première équipe obtiennent congé la partie qui précède le début de la saison officielle.

Quelques jours avant le match inaugural, le lundi suivant, l'entraîneur-chef, Andy Reid, a confié à la presse que Laurent était, selon lui, l'un des cinq meilleurs joueurs offensifs de l'équipe, en insistant sur « sa force, sa rapidité et son intelligence ».

Cela dit, dans la NFL, il n'y a pas de cérémonie pour informer un joueur qu'il vient de se hisser au sein de la formation principale. L'entraîneur ne convoque pas l'athlète dans son bureau pour lui en faire l'annonce, comme on le voit dans les films sportifs. Ce n'est qu'une semaine avant le début de la saison, quand il a constaté qu'il ne disputerait pas le dernier match préparatoire, que Laurent Duvernay-Tardif a compris qu'il venait d'atteindre l'objectif qu'il s'était fixé.

Le « fou » qui grimpait le Pain de sucre
en skis de fond

Le Pain de sucre du mont Saint-Hilaire offre une vue imprenable sur la vallée du Richelieu. Par temps clair, on voit très bien les gratte-ciel du centre-ville de Montréal et le mât du Stade olympique. Des milliers de randonneurs, hiver comme été, empruntent le sentier qui mène au sommet de la montagne. Ce n'est pas l'Everest, on s'entend, mais il faut tout de même être en assez bonne condition physique pour en faire l'ascension. Les cent derniers mètres sont plutôt escarpés. En hiver, personne n'aurait idée de s'y rendre en skis de fond. Personne... sauf la famille Duvernay-Tardif. On ne compte plus le nombre de fois où Laurent, ses parents et ses sœurs, Delphine et Marilou, ont gravi la montagne, des skis de randonnée aux pieds. « On chaussait nos skis et, parfois, on partait directement de la maison. Mon père et moi, on se lançait un défi : celui qui arriverait le premier. Et mon père m'a toujours battu », se souvient Laurent.

De sa naissance, le 11 février 1991, jusqu'à la fin de ses études secondaires, Laurent a vécu à Mont-Saint-Hilaire, sur la rive sud du fleuve Saint-Laurent, à quelque trente-cinq kilomètres de Montréal. C'est une région magnifique, entre montagnes et rivière, où le développement urbain n'a pas réussi à entacher la beauté de la nature. Le charme de cette région peuplée de dizaines de vergers a d'ailleurs inspiré de nombreux artistes, dont les peintres Paul-Émile Borduas, un des instigateurs et signataires du célèbre *Refus global,* et Ozias Leduc, dont les fresques magistrales ornent la belle petite église du village. Le mont Saint-Hilaire abrite une faune et une flore si riches qu'il a été désigné en 1978 réserve de la biosphère par l'UNESCO. Le Centre de la nature veille à la protection de cette réserve, de concert avec l'Université McGill. On y trouve vingt-cinq kilomètres de sentiers et LDT a dû s'y rendre des centaines de fois pour s'entraîner ou pique-niquer.

Laurent Duvernay-Tardif a fréquenté une école primaire dite alternative, l'école de la Roselière, à Chambly, dont sa mère est d'ailleurs l'une des fondatrices. Il y recevait une éducation inspirée de la pédagogie Waldorf, une méthode qui a fait ses preuves partout dans le monde mais qui se heurte pourtant encore, du moins au Québec, à des préjugés de la part d'esprits conservateurs. Laurent demeure, pour sa part, un ardent partisan de ce type d'établissement.

L'école de la Roselière a fermé ses portes en 2014, à la suite d'une décision de la Commission scolaire des Patriotes. Laurent n'a pas hésité à chanter les louanges de cette institution quand des parents – y compris les siens – ont organisé des manifestations pour la maintenir en vie. «En fait, ce qu'il y avait de bien dans cette approche, explique-t-il, c'est qu'on nous apprenait à apprendre. C'est ainsi que je pourrais le mieux définir la mission de cette école.

J'ai adopté au primaire des habitudes qui me sont utiles aujourd'hui, tant dans ma formation médicale que dans ma carrière de footballeur professionnel. »

Voilà comment se résume cette philosophie : « L'enfant est d'abord amené à vivre les choses et à les ressentir avant de les comprendre. L'enseignement est porté par des images vivantes. On cherche moins à transmettre un savoir qu'à éveiller chez l'enfant toute la palette de ses facultés, d'une façon adaptée à son âge, en respectant son rythme. Chaque matière a en effet un objectif précis. Par l'histoire, l'enfant prend conscience de la réalité du temps, par la géographie, de la notion d'espace ; la botanique l'aide à développer une pensée vivante, les activités manuelles et artistiques (menuiserie, jardinage, chant, théâtre), à exprimer ce qu'il vit intérieurement et à le relier objectivement à son entourage. »

LDT était heureux comme un roi dans cet environnement. Dans le très beau documentaire français *Demain,* de Cyril Dion et Mélanie Laurent, on présente, entre autres solutions pour relever les défis du XXIe siècle, des écoles du Danemark qui ont adopté avec succès une pédagogie semblable à l'approche Waldorf. Il faut croire que les Scandinaves sont plus audacieux que les Québécois...

Laurent a toujours été très curieux et cet établissement répondait vraiment à ses besoins. S'il sait tricoter une tuque ou un foulard, s'il peut préparer un brunch de Noël pour quinze joueurs des Chiefs affamés, c'est en grande partie parce qu'il a fréquenté cette école particulière, là où on l'a aussi initié à la poterie, à l'aquarelle et à la sculpture.

L'enseignement qu'il y a reçu a fait en sorte d'introduire constamment des notions scientifiques dans sa vie.

« Ma mère nous a appris, à mes sœurs et à moi, qu'il y avait plusieurs chemins possibles pour arriver là où l'on veut aller. Aux yeux de bien des gens, j'ai eu une enfance pas ordinaire. Pourtant, cette vie me semblait tout à fait normale. La réalité, c'est qu'en regardant des photos de ma jeunesse, je constate que nous étions probablement un peu marginaux, un peu granos sur les bords. »

L'année de ses huit ans, Laurent l'a passée sur un voilier, dans les Bahamas, avec ses parents et ses deux petites sœurs. Les Duvernay-Tardif ont cédé leur maison à des locataires pour un an et sont partis à l'aventure, en juillet 1999. Cap vers les Exumas, un archipel de quelque trois cent soixante îles et îlots s'étendant sur plus de deux cent trente kilomètres. Voilà le genre d'expérience qui a pour effet de souder une famille et qui transforme à jamais la vie d'un enfant.

Le petit navire à bord duquel ils allaient passer ensemble tant de temps, l'*Istorlet,* faisait à peine neuf mètres. « Nous y vivions heureux mais assurément collés les uns sur les autres », se rappelle Laurent. Sa sœur Delphine avait environ trois ans et Marilou avait tout juste dix mois quand la famille a entrepris cette expédition. Ses parents n'avaient jamais navigué en mer, mais ils avaient ressenti très fort l'appel du large. Tout était nouveau pour eux comme pour les enfants. Leur amour de la voile ne s'est jamais démenti par la suite. Celui de Laurent non plus, d'ailleurs. Plus tard, jeune adulte, il sera moniteur de voile, notamment à

Gaspé, où il passera quatre formidables étés à transmettre sa passion. « Cela n'aurait jamais été possible si j'avais joué au football dans la National Collegiate Athletic Association, étant donné le niveau d'entraînement et le niveau de compétition. »

Apprendre à vomir dans le sens du vent

Aux Bahamas, ses parents lui confiaient déjà d'énormes responsabilités, malgré ses huit ans. Il était en effet le préposé au *dinghy,* cette petite embarcation pneumatique qui permet à l'équipage de se déplacer lorsque le bateau est ancré dans une baie. Et comme la famille dormait dans des baies presque chaque nuit, il ne chômait pas. Toutefois, sa principale tâche consistait à participer à la préparation du repas du midi, tous les jours, avec sa mère. Il était notamment chargé de couper les légumes.

De prime abord, trancher des légumes pour cuisiner une soupe peut paraître facile. Mais le faire sur un voilier qui a quinze degrés de gîte, en se faisant bercer par la houle du large, ce n'est pas évident. Sur une embarcation pareille, c'est l'une des tâches les plus difficiles. Ce qui compliquait les choses, rappelle sa mère, c'est que Laurent souffrait du mal de mer. « J'ai appris qu'il était crucial de toujours vomir dans le sens du vent et non face au vent », dit le principal intéressé.

Son père et sa mère lui faisaient la classe sur le voilier. Ils avaient décidé qu'il n'y aurait pas de week-end, puisque la notion du temps reste floue dans un contexte semblable. C'est donc dire qu'il avait des leçons quotidiennes, deux heures à la fois, sept jours sur sept, sauf les jours de traversée.

Pour passer le temps, Laurent s'inventait des projets : tresser des paniers avec des feuilles de palmier ou entretenir sa collection de coquillages, d'oursins ou d'étoiles de mer. Il polissait aussi des noix de coco. À la fin du voyage, elles étaient lisses comme du verre. Ses parents les ont conservées. « Il n'y avait évidemment pas de télé, pas d'Internet non plus. On vivait comme à un autre siècle. On perdait complètement la notion du temps. C'est seulement quand on allait à Nassau, ce qui était rare, qu'on rattrapait la vie moderne. Pour l'enfant que j'étais, tout comme pour mes parents, cette année aux Bahamas a été une expérience humaine extraordinaire. »

Ce voyage a tellement uni les membres de la famille qu'au retour la maison leur semblait trop grande. À tel point que les trois enfants ont dormi quelques nuits dans la chambre des parents. La promiscuité de l'*Istorlet* leur manquait.

La famille a une importance capitale aux yeux de Laurent. Sa mère dit parfois qu'il est très traditionnel, du moins sur le plan des valeurs. Ce n'est pas un reproche, précise-t-elle, mais un constat. Encore aujourd'hui, bien qu'il vive plusieurs mois par année dans le Midwest américain, il s'applique à préserver les traditions. À Noël, alors que la saison de football battait son plein, ses parents et sa jeune sœur Marilou ont fait le voyage à Kansas City. Sa sœur

Delphine, qui demeure en Alberta, s'est jointe au repas familial par FaceTime. Laurent avait pris le temps de lui faire livrer des cadeaux par messager.

Lire Balzac ou jouer au football?

«Tu devrais lire Balzac au lieu de jouer au football!» Le grand-père de Laurent, Guy Tardif, avait une affection particulière pour son petit-fils, ce qui ne l'empêchait pas de le taquiner à propos du football.

Au fait, le joueur géant des Chiefs n'est pas le premier de la famille à mener une carrière publique. Guy Tardif, criminologue, a été député péquiste dans Crémazie et ministre au sein du gouvernement de René Lévesque de 1976 à 1985, avant de devenir vigneron. Il est décédé en 2005.

Laurent est très fier de son grand-père. Il était très attaché à lui. Quand on applaudit son esprit d'entrepreneur, il dit qu'il tient ça de son grand-père. Tout au long de sa carrière, Guy Tardif a innové, a ouvert des brèches. En politique, il a laissé sa marque en instaurant notamment le programme de relance de la construction domiciliaire Corvée-Habitation, au début des années 1980, en collaboration avec les syndicats et les entreprises. Le Tour de l'Île est une autre réalisation de son aïeul qui remplit Laurent de fierté. En 1985, à titre de ministre des Transports, Guy Tardif a mandaté Vélo-Québec pour mettre en valeur le réseau de pistes cyclables de l'est de Montréal. C'est ainsi que le Tour de l'Île est né. Guy Tardif a pris part à la toute première randonnée, le 13 octobre 1985, par un dimanche froid et pluvieux. Il faisait d'ailleurs partie des trois mille cinq cents braves à avoir terminé le parcours. La police avait voulu interrompre l'événement tellement le peloton était clairsemé. Tenace, pour ne pas dire entêté, le ministre avait refusé. On connaît la suite : le Tour de l'Île est devenu le plus grand rassemblement cycliste au monde et attire chaque année plus de quarante-cinq mille participants.

Après sa défaite en politique, en 1985, Guy Tardif a entrepris de se réinventer, littéralement, en se lançant dans la production de vin et de cidre de glace. Il a acheté un immense terrain à Saint-Denis-sur-Richelieu, y a planté, sur plus de un kilomètre, dix mille vignes et mille six cents pommiers, en partie sur des lots de terre loués à des producteurs agricoles voisins. Il a rénové la grange et transformé le poulailler en salle de réception.

Inexpérimentés, Guy Tardif et sa femme Ghislaine Meunier se sont lancés à fond dans l'aventure et ont été parmi les premiers au Québec à produire des vins de grande qualité, notamment grâce à des cépages peu répandus au pays, l'eona (pour le blanc) et le sainte-croix (pour le rouge). Mais ce qui a fait la réputation mondiale du Clos Saint-Denis, c'est le Pomme de glace, un cidre liquoreux créé en collaboration avec le père de Laurent, François Tardif, agronome spécialisé en horticulture fruitière. Ils ont connu un succès fou avec ce produit. Ils ont remporté au moins huit médailles d'or dans des compétitions internationales. Et leur Pomme de glace a été vendu à l'étranger, notamment à New York et à Tokyo. Ils ont voyagé dans de nombreux pays, de foire en foire, pour en faire la promotion.

Laurent a passé une bonne partie de son enfance au vignoble. Il garde un souvenir particulièrement ému du temps des vendanges, l'occasion d'une grande fête pour la famille et les amis. Il adorait et adore toujours les moments de fraternité. Du haut de ses sept ou huit ans, Laurent prenait plaisir à accueillir les visiteurs et à leur vanter les vertus des diverses cuvées, lui qui était loin d'avoir l'âge de consommer du vin. «Son charme opérait à tout coup. Il s'attirait spontanément la sympathie des clients», raconte sa grand-mère, Ghislaine Meunier.

L'entreprise familiale a été vendue à la Maison des Futailles, filiale de la Société des alcools du Québec, en 2009.

Le Clos Saint-Denis a marqué l'enfance de Laurent, tout comme son grand-père. Il demeure très proche de sa grand-mère, une femme fonceuse et énergique dont l'appétit de vivre est contagieux. Il a vécu avec elle du temps de ses études collégiales et tous deux ont partagé de grands moments de complicité. Entrepreneure, auteure et amoureuse de l'art, à quatre-vingts ans, Ghislaine Meunier ne ralentit pas dans ses multiples projets.

Le commis géant du Pain dans les voiles

« Merci et dites bonne chance à Laurent pour le match de dimanche ! On sera devant la télé pour l'encourager. »

À la petite boulangerie artisanale Le pain dans les voiles, nombreux sont les clients qui savent que le sympathique gaillard qui leur servait leurs baguettes ou leurs croissants jusqu'à tout récemment, fils du propriétaire, joue désormais sur la ligne à l'attaque des Chiefs de Kansas City.

En 2009, François Tardif, père de Laurent, s'est associé à Martin Falardeau, lui aussi passionné de voile, pour ouvrir la boulangerie artisanale Le pain dans les voiles, d'abord à Mont-Saint-Hilaire, puis à Montréal, en 2012. Les deux compagnons se sont lancés à fond dans l'aventure. Ils n'ont pas hésité à séjourner en France pour étudier les différentes techniques de fabrication du pain. Ils ont ensuite élaboré leur propre méthode de fermentation de la pâte. Bref, ils ont réussi à confectionner une baguette parmi les meilleures sur la planète. En 2011, au Mondial du pain, à Saint-Étienne, en France, leur baguette s'est classée deuxième, tout juste derrière celle d'un boulanger français, dans une compétition internationale à laquelle plus de quinze pays participaient.

Laurent a beaucoup travaillé dans l'entreprise familiale, tant aux fourneaux qu'au comptoir. Ses coéquipiers des Phénix d'André-Grasset et des Redmen de McGill se souviennent aussi de toutes les fois où il leur servait des croissants, des baguettes et des viennoiseries après les parties.

Une famille d'athlètes

Les nombreuses heures à la boulangerie n'ont jamais empêché ni Laurent ni ses parents de consacrer beaucoup de
temps à l'entraînement. Son père est un athlète accompli. Il
excelle notamment en ski de fond, sport auquel Laurent a
été initié très jeune. Adolescent, il a participé, avec ses parents, à la Traversée de la Gaspésie (TDLG), un événement
fabuleux mis sur pied par une grande amie de la famille,
Claudine Roy. Il s'agit d'une expédition d'une semaine en
skis de fond ou en raquettes dans divers villages gaspésiens.
En janvier 2017, quelques jours à peine après l'élimination
des Chiefs, Laurent a d'ailleurs rejoint les participants de
cette excursion annuelle. La quinzième Grande Traversée
coïncidait avec le trois cent soixante-quinzième anniver-
saire de la fondation de Montréal. Pour l'occasion, Claudine Roy avait organisé une croisière sur le fleuve Saint-
Laurent, de Gaspé à Montréal. À bord du *CTMA Vacancier*,
les randonneurs faisaient escale dans différentes villes du
Québec. Laurent est allé les rencontrer à La Malbaie, le
jeudi, et a prolongé l'aventure jusqu'au samedi, à Montréal.
Il a skié notamment avec l'ex-athlète olympique Sylvie
Bernier et l'astronaute Julie Payette, des amies.

Au grand bal qui marquait la fin du voyage, le joueur des Chiefs a animé un encan au cours duquel il a vendu, au profit de la TDLG, des billets pour un match des Chiefs et a obtenu quelques milliers de dollars. Il fallait le voir, cette soirée-là, échanger avec les participants et se faire prendre en photo par chacun. La veille, la journaliste de Radio-Canada Isabelle Craig, qui était aussi de l'expédition, avait mené un entretien d'une heure avec Laurent à l'intention des participants à l'événement. Vingt-quatre heures plus tard, elle était encore sous le charme. «Quel être exceptionnel! Il sait tricoter à quatre broches et, en plus, il m'a battue au Scrabble après l'entrevue...» La grande organisatrice de la TDLG, Claudine Roy, renchérit: «J'ai vu des gens verser une larme en l'écoutant se raconter. Il a séduit tous les participants.»

Même s'il avait encore le corps un peu meurtri par la saison de football et même s'il n'a plus les habiletés d'antan en ski de fond, LDT tenait à renouer avec la Traversée de la Gaspésie. «Depuis que j'ai pris plus de cinquante kilogrammes pour le football, je n'arrive plus à suivre les autres membres de ma famille», confesse-t-il. Il faut dire que son contrat lui interdit de pratiquer certains sports jugés dangereux, comme le ski alpin. Une blessure pourrait compromettre sa carrière.

Delphine, sa jeune sœur de vingt ans, est quant à elle fondeuse d'élite. Elle a quitté la maison familiale il y a deux ans pour emménager dans un centre d'entraînement de Ski de fond Canada, à Canmore, en Alberta. Elle s'entraîne avec des membres de l'équipe nationale et fait des compétitions de haut niveau. Certains reportages laissent entendre qu'elle représente un espoir pour les Jeux olympiques d'hiver de 2022, à Beijing. Pour sa part, Marilou, dix-sept ans, la benjamine, s'est mise à l'aviron il y a un an, après avoir fait de la gymnastique durant plusieurs années. Elle a tellement de talent et d'aptitudes qu'elle a été recrutée par les dirigeants du programme Ramer vers le podium d'Aviron Canada, qui ont vu en elle une candidate potentielle aux Jeux olympiques d'été de 2024. Tout ça avant même qu'elle participe à une première compétition.

Trois enfants, trois athlètes d'élite. « Et je suis le moins athlétique du groupe », blague Laurent. Il faut croire que François Tardif et Guylaine Duvernay ont transmis tout un bagage génétique à leur descendance. Mais c'est avant tout par l'exemple qu'ils ont donné à leurs enfants le goût du dépassement de soi et du sport. Il n'y avait absolument rien de coercitif dans leur approche. Ils n'étaient en rien des parents tortionnaires qui obligeaient leurs rejetons à chausser les skis ou à s'entraîner. Il suffisait à Laurent et à ses sœurs de voir leurs parents heureux dans leurs activités physiques pour avoir eux-mêmes envie de s'y mettre. De plus, ils étaient toujours disponibles, peu importe l'heure du jour, pour les conduire dans un gym ou une classe de musique.

« Je dois quand même admettre que j'ai grandi dans une famille hypercompétitive. Lorsque je montais le Pain de sucre avec mon père, c'était toujours à qui parviendrait au sommet le premier. Quand je vais travailler à l'hôpital à vélo, je me chronomètre dans le but de faire le trajet plus rapidement que la veille, quitte à arriver en sueur. Même lorsque je joue au Scrabble, je veux gagner », avoue Laurent.

Le choc du secondaire :
un élève qui « perturbe l'ordre de la classe »

Après six années particulièrement épanouissantes à l'école primaire de la Roselière, Laurent a vécu un changement assez brutal à son arrivée au collège Saint-Hilaire, en première secondaire. C'est une institution privée de taille assez modeste (quelque six cents élèves), ce qui ne le dépaysait pas trop. Elle est située à flanc de montagne, dans un environnement exceptionnel. Les enseignants sont, pour la plupart, des passionnés qui s'investissent à fond dans leur métier et ont à cœur la réussite des jeunes.

Le hic, c'est le contraste entre cette école traditionnelle, très conservatrice, et l'école alternative. Laurent n'entrait pas dans le moule, tout simplement. Son mélange de curiosité et d'hyperactivité perturbait l'ordre de la classe et on le lui faisait sentir. On lui reprochait ce qui lui apparaît aujourd'hui comme étant ses plus belles qualités.

Il posait sans cesse des questions aux enseignants, comme il l'avait toujours fait, tout naturellement. Il voulait comprendre le pourquoi des choses, voilà tout.

Un jour, la situation a dégénéré. Il a été suspendu parce qu'il s'était chamaillé avec un ami dans la cour d'école. On l'accusait d'avoir bousculé cet élève. C'était pourtant une petite bataille amicale, comme on en a souvent avec des copains à cet âge. La direction ne voyait pas les choses du même œil et le menaçait d'expulsion. Ses parents ont dû intervenir pour qu'il soit réintégré, tout en lui rappelant qu'il était libre de quitter cette école s'il le voulait.

Sur le plan scolaire, l'adaptation se faisait tout aussi difficilement. L'école alternative, malgré toutes ses vertus, l'avait mal préparé dans une matière pourtant fondamentale : le français. Il méconnaissait les règles grammaticales et ses productions écrites étaient souvent truffées de fautes. Ses évaluations étaient désastreuses. Il demeurait sous la moyenne et accumulait même quelques échecs.

Heureusement, les choses se sont progressivement arrangées et il y a eu adaptation mutuelle dès la troisième secondaire. À tel point qu'à la fin de ses études, deux ans plus tard, il a été nommé élève par excellence du Collège et a reçu la médaille du lieutenant-gouverneur de même qu'une bourse du millénaire (2008). Pas mal pour un élève qui, disait-on, « dérangeait les autres »… Aujourd'hui, il agit à titre d'ambassadeur de cette belle institution et se fait un devoir de participer à la soirée annuelle de la Fondation du collège Saint-Hilaire. Il a gardé contact avec certains enseignants, ceux de qui il était le plus près.

★ ★
★

Un milieu trop homogène?

En mettant les pieds dans le vestiaire des Chiefs de Kansas City, Laurent a pris conscience qu'il avait vécu son adolescence dans une «bulle», un milieu homogène, blanc, plutôt aisé, composé de jeunes aux parcours et aux valeurs plus ou moins semblables.

«C'était une école extraordinaire au point de vue pédagogique, mais ce milieu plutôt homogène et privilégié ne prépare peut-être pas à la diversité culturelle qui fait la richesse d'une grande ville comme Montréal ou d'un vestiaire de la NFL. Ce n'était pas la vraie vie. Après trois ans dans la NFL, plusieurs de mes coéquipiers qui sont devenus mes amis m'ont ouvert les yeux sur des réalités différentes. Je suis aujourd'hui beaucoup plus conscientisé aux enjeux socioéconomiques, raciaux et culturels. C'est un apprentissage précieux que je dois au milieu du football. La musique rap que j'écoutais au secondaire sans trop porter attention aux paroles prend maintenant une toute autre dimension bien loin de la fiction.»

On demande souvent à Laurent au sein de quelle équipe de football il a joué lorsqu'il était au secondaire. Il répond alors que le collège Saint-Hilaire n'offrait pas de programme de football. Plusieurs de ses coéquipiers des Phénix d'André-Grasset ont eu l'occasion de jouer à leurs écoles secondaires, ce qui leur offrait un encadrement plus rigoureux. Pour sa part, Laurent a profité de ses années au Collège pour pratiquer le badminton et le football drapeau, ou *flag football*[3], deux sports dans lesquels il excellait mais qui ne le prédestinaient pas à une carrière dans la NFL! Fait à signaler, Laurent n'a jamais été blessé en jouant au football avant ses débuts chez les professionnels. Sa seule blessure un peu plus sérieuse a été une fracture d'un doigt – le majeur –, qu'il s'est infligée en s'adonnant au *flag football,* un sport sans contact.

_____

3. Sport semblable au football mais sans contact physique. Au lieu de plaquer l'adversaire pour le stopper, le joueur doit lui arracher le morceau de tissu qu'il porte à la taille.

Un entrepreneur précoce

Alors qu'il avait à peine neuf ans, Laurent faisait déjà son propre pesto à partir des vastes réserves de basilic du potager familial et le vendait dans les foires alimentaires. Il avait bien sûr un coup de main de ses parents, tous deux experts en agroalimentaire. N'empêche que rares sont les gamins de neuf ans qui affichent un tel esprit entrepreneurial. Laurent s'est toujours débrouillé pour gagner son argent de poche.

Il n'était jamais à court d'idées quand venait le temps de financer ses projets et activités parascolaires. Ainsi, pour se payer un voyage au Pérou avec ses camarades du collège Saint-Hilaire, il avait entrepris, avec sa copine de l'époque, de cuisiner des tartes, des soupes et des pains aux canneberges et au chocolat et de les vendre. Il avait eu un tel succès qu'il avait répété l'expérience, quelques années plus tard, pour financer cette fois un voyage en Europe.

L'année de ses douze ans, Laurent s'est brièvement lancé dans l'élevage de poussins. Il en avait acheté une centaine, dans l'espoir de vendre ensuite des poulets biologiques. Il a raconté cet épisode, au printemps 2016, lors d'une émission de télévision. La vice-première ministre du Québec et ministre du Développement économique régional, Lise Thériault, en avait profité pour souligner sa fibre entrepreneuriale et avait vu en lui «un modèle pour la jeunesse québécoise». Rien de moins! Ce qu'elle n'a jamais su, toutefois, c'est que son aventure n'a pas été très fructueuse.

L'expérience a tout de même été riche en enseignements. Laurent a mené le projet du début à la fin et ça a été, jure-t-il, très formateur. Il a d'abord bâti un enclos à l'aide d'épinettes qu'il avait lui-même coupées et d'un grillage hexagonal qu'il s'était procuré dans une quincaillerie. «Je n'avais pas réalisé que je devais dépenser de l'argent pendant quatre mois [pour nourrir les volailles] avant d'avoir un retour sur mon investissement. Quand il faisait très chaud, mes poules mouraient l'une après l'autre et je voyais mon profit s'envoler en fumée. Au moment d'aller à l'abattoir, il ne me restait que soixante poules... J'ai quand même beaucoup appris de cette expérience.»

Peu après la vente du vignoble familial à la Maison des Futailles, les parents de Laurent ont eu envie de refaire un long voyage en bateau, avec les enfants, avant de se lancer dans un nouveau projet. La famille partirait donc de nouveau pendant plusieurs mois. En dépit de quelques réserves et malgré le fait qu'il devrait se séparer momentanément de sa copine, cette idée le réjouissait. Il avait déjà connu la joie et la liberté incomparables des grands départs et de la vie sur un voilier.

Quand sa mère a téléphoné à la direction du Collège pour l'en aviser, elle a été accueillie froidement. «Vous n'avez pas le droit de faire ça. Vous ne pouvez pas partir ainsi. Votre fils doit être présent en classe tout au long de sa quatrième secondaire.» Il n'est parfois pas facile de faire accepter aux autres sa différence, son désir de suivre d'autres routes que celles déjà tracées. Douce et patiente, Guylaine Duvernay a réussi à convaincre la direction. Elle a fourni l'assurance que Laurent verrait toute la matière au programme à bord du voilier.

Bien qu'enthousiasmé par cette nouvelle aventure, l'élève avait posé comme condition à ses parents de revenir à temps pour les examens de fin d'année. Il devenait de plus en plus sérieux dans ses études.

Cinq ans plus tard, revoici donc la famille Duvernay-Tardif dans les îles Exumas, à bord de l'*Umayok,* un voilier de plus de onze mètres beaucoup plus confortable que le précédent. Tout comme la première fois, Laurent suivait son programme scolaire à distance, parfois avec l'aide de ses parents. Son père lui enseignait les mathématiques et les sciences, sa mère, le français et l'anglais. Ainsi, il n'accusait aucun retard dans son parcours pédagogique.

Durant tout ce temps, la famille n'avait que très peu de liens avec les amis au Québec. Il fallait attendre des heures et des heures pour se brancher par ondes courtes et obtenir une communication Internet.

«Ça transforme complètement notre rapport au temps. Être ancrés durant des jours et attendre un vent favorable pour repartir. Ou encore attendre des heures que la marée monte. Naviguer un peu puis débarquer sur de petites îles pour aller à la rencontre des habitants. C'est tellement enrichissant. On apprend à respecter les différences. »

La famille se promenait d'île en île. « Ces déplacements nous ont permis de faire la connaissance de gens issus de grandes villes comme Nassau ou venant d'îles habitées par une dizaine de personnes. Cela m'a ouvert à d'autres cultures, à d'autres modes de vie. Je me suis habitué à aller au-devant des gens et à m'intéresser à eux. »

Les Duvernay-Tardif ont rencontré plusieurs navigateurs de plaisance qui, comme eux, allaient d'île en île pour vivre loin de l'agitation du quotidien, au rythme de la nature, à la manière de Robinson Crusoé. Les paysages des îles Exumas sont d'une grande beauté. Les eaux sont cristallines, les récifs coralliens, superbes, et la faune, riche et variée.

« Nous limitions les dépenses et n'allez pas croire que l'on menait une vie de jet-set. On faisait un voyage de riches en tout-nus », plaisante son père, François. Les Duvernay-Tardif vivaient presque en autarcie et pouvaient demeurer plusieurs jours sans voir personne. Ils avaient des réserves d'eau pour deux semaines et des conserves en quantité.

« Parfois l'humidité faisait décoller les étiquettes des conserves. Mes sœurs et moi déduisions alors le contenu par le son qu'elles émettaient lorsqu'on les tapotait avec une fourchette. Plus aigu : petits pois ou macédoine. Plus grave : maïs en crème. Disons que nous avons eu quelques surprises décevantes ! »

« Quel poisson on vous rapporte, ce soir ? »

L'après-midi s'achève, le soleil frappe un peu moins fort. Laurent range ses cahiers d'école et sort son masque de plongée et ses palmes. C'est un rituel quotidien immuable : en compagnie de son père, il ira pêcher au harpon le poisson que la famille mangera au souper.

«Quel poisson on vous rapporte, ce soir ? Vivaneau ? Mérou ? Bonefish rusé ? »

Il y a tant de variétés, dans ce coin de paradis, que Laurent et son père prennent soin de demander aux filles quel poisson elles veulent manger, ce soir-là.

En fait, il s'agit davantage de chasse que de pêche. C'est tout de même une opération délicate, si grisante soit-elle, car, à tout moment, des requins peuvent venir rôder autour des deux plongeurs. La première fois qu'il en a vu un, Laurent a eu tellement peur qu'il a été plusieurs jours sans aller à l'eau.

Au début, sa technique laissait à désirer. Il faut bien viser et, surtout, sortir rapidement le poisson que l'on vient d'atteindre, avant que son sang attire les requins. Il y a aussi des barracudas, que son père juge encore plus dangereux. Il ne faut pas empiéter sur leur territoire. Leur attaque est mortelle, et ce ne sont pas des histoires de pêcheurs.

Heureusement, le père et le fils n'ont jamais connu de mésaventure. Cette excursion quotidienne demeurera l'un de leurs plus beaux souvenirs de voyage.

Aujourd'hui, si Laurent n'a pas peur d'affronter des plaqueurs de 150 kg (330 lb), c'est peut-être parce qu'il a déjà nagé au milieu des requins…

L'élève du collège Saint-Hilaire est revenu de cette expédition à temps pour les évaluations de fin d'année. Ses parents sont restés sur le voilier. Laurent est allé les rejoindre à Halifax après les examens de juin, avec sa grand-mère, et est remonté à bord pour la dernière portion du périple.

Au retour, ancré à Tadoussac, l'*Umayok* a sombré, emportant avec lui tant de souvenirs. Ce fut un drame pour toute la famille.

La fierté des Pirates du Richelieu

Quand un journaliste interviewe un athlète de haut calibre, celui-ci raconte généralement avec émotion qu'il a rêvé toute son enfance d'accéder un jour à un circuit professionnel. Si un jeune Québécois arrive à porter les couleurs des Canadiens de Montréal, par exemple, il confie habituellement aux journalistes qu'il a mis des patins pour la première fois à l'âge de cinq ans, sur une glace extérieure arrosée par son père les jours de grand froid et que, depuis, il ne pense qu'à revêtir l'uniforme tricolore de la légendaire équipe de hockey. S'ensuivent des images d'archives dans lesquelles on le voit donner ses premiers coups de patin, en compagnie d'autres bambins. Souvent, le joueur évoque ses samedis soir à regarder le hockey à la télévision et à en rêver.

On peut s'imaginer qu'il en est ainsi dans la NFL. La majorité des joueurs, du plus talentueux au plus modeste, souhaitaient depuis l'enfance faire partie de la grande ligue. Ils ont franchi chaque étape animés par ce but ultime.

Là aussi, le parcours de Laurent Duvernay-Tardif se distingue. Il a grandi dans un univers à mille lieues du football. Il n'a pas suivi non plus les activités de la NFL, à la télé ou dans les journaux, dans l'espoir d'y accéder un jour.

Il reconnaît d'ailleurs que cela lui nuit parfois. Il ne possède pas les références nécessaires quand, par exemple, on compare son style de jeu à celui de tel ou tel joueur d'une autre époque. Le fait d'être pratiquement le seul de sa division à être issu du circuit universitaire canadien le prive d'un précieux réseau. «Après les matchs, mes coéquipiers vont souvent fraterniser avec des membres des équipes adverses qui ont fait carrière avec eux dans la National Collegiate Athletic Association. Certains ont de bons amis dans presque toutes les équipes. Dans ces moments, je me sens bien seul…»

On se demande comment diable Laurent en est venu à pratiquer le football à un si haut niveau. Quand on lui pose la question, il insiste d'abord sur l'influence positive qu'a eue sur lui son cousin, Antoine Tardif, ex-secondeur des Phénix du collège André-Grasset quelques années avant qu'il enfile lui-même cet uniforme. Ce cousin a toujours été un modèle à ses yeux. «C'était une figure importante pour moi. Il me montrait qu'on peut être très sérieux dans ses études – il est aujourd'hui ingénieur – tout en pratiquant à fond un sport. Je voulais lui ressembler.»

Reste que c'est tout de même par hasard si Laurent a découvert le football. Enfant, il a bien sûr fait quelques essais peu concluants dans d'autres sports. Il a joué brièvement au hockey et au soccer, sans pour autant s'en enticher outre mesure.

Il avait douze ans quand sa mère lui a proposé de l'inscrire dans une équipe de football dite civile, à Belœil. Une amie lui avait parlé de ce sport en lui disant que son fils venait de s'y mettre et que ce serait une bonne façon pour lui de canaliser son trop-plein d'énergie. Guylaine hésitait à pousser Laurent vers ce sport de contact. Elle craignait bien sûr les blessures, mais elle a pensé qu'un sport d'équipe comme le football lui permettrait de renforcer sa confiance en lui.

Laurent a ainsi joué une première année avec les Pirates. Il a suffisamment aimé l'expérience pour se réinscrire l'année suivante. Or, il y avait un hic. Bien qu'il fût en âge d'appartenir à la catégorie peewee, il dépassait d'au moins 6,8 kg (15 lb) le poids limite autorisé, établi à 68 kg (150 lb).

Plus le camp d'entraînement approchait, plus Laurent multipliait les efforts pour perdre les kilos excédentaires, à coups de longues courses ou d'interminables randonnées à vélo. À deux semaines du camp, son père lui a ouvert les yeux : « Laurent, tu n'y arriveras jamais. »

Les responsables de l'organisation ont alors voulu le faire grimper dans une catégorie supérieure (bantam). Sur le conseil de ses parents, il a refusé et a donc fait l'impasse sur la saison.

Il est retourné au sein des Pirates l'année suivante, cette fois au niveau bantam. Puis, il a joué pendant deux autres saisons dans la ligue midget. « Pour nos joueurs, Laurent est un modèle. Sa photo est bien à la vue dans le vestiaire », dit Marc Labrecque, l'actuel président de l'organisation.

« Si j'ai appris à aimer le football, c'est en grande partie grâce à Jacques Foisy, le président des Pirates de l'époque, un homme à qui je dois beaucoup », insiste Laurent. M. Foisy demeure très attaché à son ancien joueur. Il est d'ailleurs allé l'encourager lors d'un match à Kansas City.

Laurent a poursuivi sa carrière avec les Phénix dans la ligue collégiale AA. Il cherchait un établissement qui allait lui permettre d'assouvir ses deux passions et qui était synonyme d'excellence dans les deux sphères : le football et les études. Le collège André-Grasset lui semblait le choix tout indiqué et cela s'est rapidement confirmé. Il savait que d'autres athlètes, et non des moindres, y avaient étudié : Jean-Philippe Darche, qui a fait sa médecine et a joué avec les Chiefs de Kansas City, et Joanie Rochette, la médaillée olympique en patinage artistique. Sans compter son cousin Antoine Tardif, bien sûr. La présence de Tony Iadeluca, un entraîneur extrêmement crédible et compétent, a aussi pesé dans la balance.

Jusqu'à cette époque, LDT envisageait une carrière d'ingénieur. C'est au cours de ses études collégiales qu'il a plutôt opté pour la médecine. La profession médicale, explique-t-il, lui permettait de concilier davantage sa passion pour la science et la dimension humaine. Il a besoin du contact avec les gens.

Dieu sait à quel point les deux années de collège sont capitales dans le cheminement d'un élève porté par de telles visées. Il avait bien sûr en tête la fameuse cote R, obsession de tous les étudiants. Cette cote établit le rendement de l'élève au niveau collégial et guide les universités dans la sélection des candidats aux programmes contingentés.

Laurent garde un merveilleux souvenir de ses deux années au collège André-Grasset, dans le programme DEC^Plus en sciences de la nature. C'est là qu'il a fait la rencontre d'un ami qui allait tenir plus tard un rôle primordial dans sa vie : Sasha Ghavami, son indispensable agent. Il a aussi connu énormément de succès dans l'uniforme de l'équipe de football du Collège à titre de joueur défensif. Son entraîneur, Tony Iadeluca, lui a beaucoup appris sur le jeu et il lui en est fort reconnaissant.

Dès sa première saison, les entraîneurs des équipes universitaires ont commencé à lui faire de l'œil et à téléphoner chez ses parents dans l'espoir de lui parler. Certains ont fait le jeu de la grande séduction en l'invitant à visiter leurs installations et en tentant de le convaincre de choisir leur établissement. Le Rouge et Or de l'Université Laval le désirait particulièrement. C'était réciproque. Cette équipe attirait Laurent. Glen Constantin, l'entraîneur-chef, tient la barre d'une organisation extrêmement réputée. C'est un grand stratège, un coach de haut niveau, une légende dans le milieu. Pas étonnant que son équipe gagne si souvent la Coupe Vanier, emblème de la suprématie au football universitaire. LDT s'imaginait très bien évoluer sous ses ordres. Il a évidemment accepté l'invitation de Constantin, à l'époque, d'aller le rencontrer.

À Québec, le Rouge et Or a presque le statut d'une équipe professionnelle. Le club jouit d'une bonne visibilité dans les médias et, surtout, il dispose de grands moyens. Il s'agit de l'organisation sportive la plus populaire à Québec depuis les beaux jours des Nordiques, loin devant les Remparts, l'équipe de la Ligue de hockey junior majeur du Québec, et devant les Capitales, l'équipe de baseball de la ligue Can-Am (Canadian American Association of Professional Baseball).

La plus belle erreur de sa vie

La session d'hiver s'achevait et, avant le sprint final, Laurent avait eu envie de s'offrir une soirée de repos chez son bon ami Philippe Laguë, avec qui il avait fait les quatre cents coups. Il avait dormi chez lui, à Mont-Saint-Hilaire, plutôt que de rentrer à la maison.

Il était près de midi, en ce dimanche gris d'avril, quand sa mère l'a joint par téléphone.

«Quelqu'un de la faculté de médecine de Laval vient tout juste d'appeler. L'homme semblait très étonné que tu ne te sois pas présenté à ton entrevue d'entrée, prévue pour aujourd'hui. Il faut que tu le rappelles vite. C'est urgent.»

Convaincu que son examen était le dimanche suivant, Laurent, à demi éveillé, n'a pas pour autant paniqué. «Il fait sans doute erreur. Mon entrevue a lieu la semaine prochaine, pas aujourd'hui», s'est-il dit.

Il est tout de même rentré en vitesse chez lui et s'est précipité à son ordinateur... Catastrophe! L'examen avait bel et bien lieu ce dimanche.

Son cœur s'est mis à battre la chamade. Devait-il sauter dans sa voiture et tenter de convaincre les autorités de le laisser faire l'examen? Ridicule, songea-t-il ensuite. Il faut plus de deux heures de route pour atteindre l'Université Laval depuis Mont-Saint-Hilaire.

Il était, pour une rare fois, sérieusement déstabilisé, comme si son côté légèrement brouillon et désorganisé le rattrapait finalement. Il n'a jamais tenu d'agenda et voilà qu'il en payait le prix. Cette fois, il n'y avait pas eu d'ami pour lui éviter les conséquences de sa distraction, pas d'ami pour lui rappeler l'examen. Au collège, quand il oubliait une calculatrice au moment de se présenter à un test de mathématiques, un de ses copains se précipitait pour lui en fournir une. Il voulait faire relire un travail afin de l'expurger de toutes fautes et coquilles? Des amis, forts en français, lui venaient généreusement en aide. Il s'agissait toutefois d'un juste retour des choses: Laurent, ferré en sciences et en mathématiques, n'hésitait jamais à donner un coup de pouce à des collègues moins doués dans ces matières. C'était donnant, donnant. Un ami ne comprenait pas un problème de physique? Laurent trouvait le temps de l'assister et lui expliquait patiemment le raisonnement à faire pour aboutir à la solution. Un collègue avait du mal à finir un projet pour l'expo-sciences? Laurent, généreux de son temps et attentif aux autres, se précipitait pour venir à son secours.

Aimé de tous, le gentil géant, la vedette de football trouvait toujours un bon Samaritain pour le sortir du pétrin. Cette fois, il frappait un mur.

Il songeait à tous ses efforts, à toutes ces heures d'études et de labeur. Tout ça bousillé pour un oubli? Cela n'avait pas de sens, mais c'était la dure réalité. Il avait présenté une demande d'admission en médecine aux universités de Montréal et de Sherbrooke ainsi qu'aux universités Laval et McGill. Or, pour les trois écoles francophones, un seul et même examen d'entrée avait lieu. Cet examen se tenait à l'Université Laval et il l'avait raté. Les portes des facultés de médecine de ces trois grandes institutions venaient de se fermer.

Il perdait du coup l'occasion d'amorcer sa carrière de footballeur au sein du Rouge et Or de l'Université Laval, son premier choix, ou même au sein du Vert et Or de l'Université de Sherbrooke ou des Carabins de l'Université de Montréal, qui s'intéressaient beaucoup à ses services. L'entraîneur des Carabins de l'époque, le très réputé Marc Santerre, était fou de Laurent. On raconte même qu'il voyait déjà en lui un joueur de ligne offensive.

Laurent s'est toutefois ressaisi en se disant que les trois entraîneurs intercéderaient peut-être en sa faveur auprès des dirigeants des facultés de médecine. Après tout, les équipes de football représentent d'importantes vitrines pour les universités. Il lui paraissait insensé qu'une équipe se prive d'un joueur très convoité sous prétexte qu'il a eu une distraction et qu'il ne s'est pas présenté à un examen d'admission. Sans le solliciter clairement, il espérait secrètement un passe-droit. La situation était tellement absurde.

Hélas, il avait tort. Il n'y avait plus rien à faire. Laurent n'aurait pas de traitement de faveur et ne pourrait pas fréquenter ces trois universités. Du moins pas dans le champ d'études qu'il avait choisi. Les facultés de médecine demeuraient intransigeantes : il n'était pas question qu'on lui accorde quelque privilège que ce soit. Belle leçon d'humilité ! Et de justice aussi, convient le principal intéressé, quelques années plus tard. Ironiquement, toutefois, il n'allait pas regretter cet épisode. Bien au contraire...

« Avec le recul, je peux affirmer que ce fut la plus belle erreur de ma vie ! C'est ce qui m'a ouvert les portes d'une grande institution : l'Université McGill. Je suis content que personne n'ait plié pour moi. C'était une dure leçon. Maintenant, je peux dire que j'ai été admis en médecine sans traitement de faveur ni passe-droit. Cela m'est très cher », atteste Laurent.

Heureusement, en effet, l'étudiant avait aussi adressé une demande à l'Université McGill, malgré son anglais rudimentaire. Et il a été accepté, après avoir franchi avec succès toutes les étapes de sélection. Bien sûr, Laurent avait une cote R qui correspondait aux exigences des facultés de médecine, mais ce n'est pas suffisant pour être admis. Il faut notamment écrire une lettre de motivation, passer une entrevue et réussir une épreuve de « jeu de rôles » mettant en scène des comédiens professionnels. En clair, il ne suffit pas d'avoir de bonnes notes pour être sélectionné. En faisant la connaissance des étudiants qui sont entrés en médecine avec lui, Laurent a observé que plusieurs avaient excellé dans une autre sphère d'activité. L'un avait étudié à l'école de cirque, l'autre avait fait du sport de haut niveau, une autre avait été musicienne dans un orchestre symphonique, et ainsi de suite. Lui, il avait brillé au football et c'était sans doute un atout.

Il va de soi que l'équipe de football – les Redmen – désirait aussi l'avoir en son sein.

En apprenant son admission en médecine, tout le monde autour de lui s'empressait de le féliciter avant de lui répéter la même mise en garde : « Tu devras faire un choix entre l'école et le football. Tu ne pourras jamais concilier les deux. Tu y penses ? Les études de médecine sont trop exigeantes, tant sur le plan physique que sur le plan mental. Et n'oublie pas que tu fréquenteras une université anglophone et que tu n'es pas parfaitement bilingue, loin de là ! Tu ne peux pas gâcher ta chance d'être accepté dans la "Harvard" du Canada, Laurent ! »

Il ne savait pas trop quoi répondre et il réfléchissait. Il y avait peu d'athlètes de haut niveau qui avaient poursuivi simultanément des études de médecine et une carrière de footballeur dans le circuit universitaire. À part peut-être Alexis Rousseau-Saine, le joueur de ligne offensive et capitaine des Carabins de l'Université de Montréal. Ce dernier avait porté les couleurs des Bleus durant trois saisons, tout en suivant une formation en médecine. Au moment d'entreprendre son externat, il avait interrompu ses études de médecine pendant un an, le temps de jouer une quatrième saison. Il avait tout de même suivi, cette année-là, quelques cours de recherche et de langues – il lui fallait accumuler au moins neuf crédits pour être admissible au circuit universitaire – et avait fait un voyage humanitaire en Amérique du Sud. Il avait ensuite pris sa retraite du football, au moment d'amorcer son externat. Il avait néanmoins disputé quelques matchs lors de cette cinquième saison. Aujourd'hui médecin résident en orthopédie, Alexis Rousseau-Saine n'a jamais eu l'intention de faire une carrière de footballeur professionnel, en dépit de son grand talent. Ce n'était pas du tout un rêve. Il n'estimait pas avoir le gabarit, malgré son 1,98 m (6 pi 6 po) et ses 125 kg (275 lb). Il était trop léger. Il avait aussi subi quelques blessures. À l'époque, en 2012, l'Université de Montréal était peut-être un peu moins conciliante avec les étudiants-athlètes. À ce chapitre, McGill a une longueur d'avance.

Alors que les Carabins de l'Université de Montréal courtisaient Laurent Duvernay-Tardif, Alexis Rousseau-Saine l'avait rencontré à quelques reprises. Il lui avait fait visiter les installations sportives et la faculté de médecine. « Pour moi, Alexis Rousseau-Saine était un modèle. Son parcours me confirmait que c'était possible d'allier études et football. » Les deux hommes ont eu des discussions à ce sujet, tandis que le nouvel étudiant de McGill se demandait s'il devait cesser le football.

Laurent subissait des pressions quotidiennes. Il était déchiré. Ça reprenait chaque jour. « Il faut choisir entre tes deux passions, Laurent. » Aujourd'hui, quand il rencontre des jeunes à l'occasion de conférences, il s'efforce de leur répéter le message contraire : « Faites tout pour concilier études et sport, même à l'université. Vous y arriverez, accrochez-vous ! »

Laurent a écouté tous ces « éteignoirs » bien intentionnés. Il a arrêté le football au début de 2010, au moment de son entrée à McGill, et a choisi de se concentrer exclusivement sur ses études de médecine. Le deuil était terrible.

« Laurent, tu vas jouer un jour dans la NFL ! »

Après trois semaines loin du jeu, après avoir littéralement souffert en regardant des matchs depuis les gradins, Laurent est allé rencontrer l'entraîneur des Redmen, Sunny Woolfe, et l'a prié de le prendre dans l'équipe. Il lui a bien sûr expliqué la situation et ce dernier a accepté. Il a donc pu intégrer la formation. À cette période de sa carrière, il était un joueur de ligne défensive.

Ses débuts avec les Redmen n'ont pas été faciles. Forcément, compte tenu de ses études, il ne pouvait participer à tous les entraînements. Certains de ses coéquipiers digéraient mal ce traitement de faveur. Si l'un d'entre eux ratait une séance d'exercices, il s'exposait à des sanctions graves. Laurent, lui, pouvait s'absenter régulièrement, avec la bénédiction des entraîneurs. « J'étais vu comme un nerd, ce qui n'est pas nécessairement un compliment dans un vestiaire. Il a fallu un certain temps avant que mes coéquipiers m'acceptent », se rappelle-t-il.

On lui faisait sentir qu'il n'était pas tout à fait un des leurs, qu'il n'avait pas souffert comme les autres lors du camp d'entraînement. Dans la culture bien particulière du football, c'est le fait d'avoir surmonté les épreuves ensemble qui renforce l'esprit d'équipe et la solidarité. Un peu comme dans un bataillon de l'armée.

À sa deuxième saison, en 2011, il a rencontré un homme qui allait devenir un grand ami et un mentor qui allait l'aider à s'améliorer : Matthieu Quiviger. Entraîneur de la ligne offensive, Matthieu est lui-même un ex-joueur étoile des Redmen de McGill. Il avait fait partie de l'équipe de 1990 à 1995, récoltant au passage tous les honneurs. Il a été repêché en première ronde par les Roughriders de la Saskatchewan de la Ligue canadienne de football. Il a aussi joué brièvement avec les Alouettes, avant de mettre un terme prématurément à sa carrière en raison de graves blessures au genou et au tendon d'Achille.

Les Redmen éprouvaient de la difficulté sur la ligne offensive. Les entraîneurs ont en conséquence suggéré à Laurent de se greffer à cette ligne à l'attaque anémique. Cela représentait un gros changement. Après la séance d'entraînement, Matthieu Quiviger était si satisfait du travail de Laurent dans ce nouveau rôle qu'il l'a pris en retrait et lui a tenu des paroles prophétiques : « Laurent, tu te diriges là où tu ne peux même pas t'imaginer. Tu vas jouer dans la NFL. Tu as appris plus en une seule journée que bien des joueurs en une saison. Dès que je te suggère une amélioration technique, tu la comprends tout de suite et tu la mets en application. Je n'ai jamais vu ça ! Toi, tu veux savoir le pourquoi des choses et c'est pour ça que tu assimiles l'information plus vite que les autres. »

Plus tard, Paul Lambert, ex-joueur des Alouettes et également entraîneur des Redmen à l'époque, lui a aussi confié qu'il le croyait suffisamment doué pour atteindre la NFL. Il n'était pas du genre à distribuer des fleurs pour rien, ce Paul Lambert. L'entraîneur-chef de Laurent du temps qu'il portait l'uniforme des Phénix du collège André-Grasset, Tony Iadeluca, partageait cet avis.

Matthieu Quiviger connaît mieux que quiconque le rôle d'un joueur de ligne offensive. Il le décrit avec des métaphores saisissantes : « Chercher ton bloc, c'est comme chercher une chaussette dans une sécheuse en marche ; tout bouge devant toi et les trois ou quatre étapes de ta prise de décision doivent se dérouler en quelques secondes. » Pas étonnant que les joueurs de ligne soient, avec les quarts-arrières, ceux qui réussissent le mieux les tests d'habileté mentale.

Quiviger a été impressionné à la fois par la vitesse, la force et les aptitudes physiques du futur joueur des Chiefs. « S'il avait vécu à une autre époque, il aurait été Louis Cyr. »

Il était nettement convaincu que la place de Laurent sur un terrain de football était sur la ligne offensive plutôt que sur la ligne défensive. Ce changement de position, il faut en être bien conscient, a eu une influence déterminante sur la suite du parcours magique de Laurent.

Matthieu a par ailleurs insisté pour que son poulain évolue désormais avec son ancien numéro, le 66, que personne n'avait porté depuis son départ de McGill. Il lui faisait un honneur chargé de sens.

Durant ses deux premières saisons avec l'équipe, la conciliation avec les études se faisait plutôt bien. Le futur médecin assistait malgré tout à plusieurs des entraînements. L'année préparatoire, ou *premed,* et la première année de médecine sont principalement constituées d'enseignements théoriques et tous ces cours magistraux, donnés dans un vaste amphithéâtre, sont accessibles par Internet. Souvent, Laurent s'enfermait à la boulangerie de ses parents, à Mont-Saint-Hilaire, pour étudier et suivre ses cours en ligne, au lieu de se présenter en classe. Sa connaissance limitée de l'anglais le forçait à écouter et à réécouter les exposés de ses professeurs.

Dans le même immeuble que Le pain dans les voiles, à la porte voisine, se trouve un charmant magasin d'aliments naturels doublé d'un tout aussi charmant petit resto, L'eau vive. Une grande brune fort sympathique y travaillait à l'époque. Quand il étudiait à la boulangerie, Laurent allait souvent au restaurant commander un bol de soupe afin de s'entretenir avec elle. Cette grande brune, c'était Florence-Agathe Dubé-Moreau, celle qui deviendra plus tard son amoureuse. Aujourd'hui, étudiante à la maîtrise en histoire de l'art à l'Université du Québec à Montréal (UQAM), auteure et commissaire, elle n'est pas étrangère à la fascination de Laurent pour l'art contemporain. Elle fait déjà sa marque dans le milieu. En 2015, elle a participé à la prestigieuse Biennale de Venise au sein de la délégation canadienne aux côtés de Marie Fraser et du collectif d'artistes BGL. En janvier 2016, elle a été choisie par la Galerie de l'UQAM à titre de commissaire déléguée du volet montréalais de l'exposition internationale itinérante

do it. « Bien que nous évoluions dans des univers aux antipodes, ce qui nous unit, c'est notre passion et notre vo-
lonté de percer dans nos champs d'activité respectifs. On
se pousse mutuellement à dépasser nos limites et on s'aide
à atteindre les buts qu'on se fixe. On forme vraiment une
équipe, tout en ayant des identités très fortes et indépen-
dantes. Je suis convaincu que nos perspectives différentes
sur une multitude de sujets enrichissent nos projets », dit
Laurent.

À l'aube de la troisième année universitaire de Laurent,
les choses se sont corsées. Les étudiants en médecine com-
mençaient leurs stages en hôpitaux et la conciliation avec
le football devenait de plus en plus difficile. La direction
de la faculté a été extraordinaire avec lui et a fait preuve
d'une rare souplesse. Ses coéquipiers et les entraîneurs des
Redmen se sont aussi montrés très compréhensifs.

Dormir sur un amas de serviettes

Le numéro 66 ne participait qu'à un entraînement ou deux par semaine. Il lui était humainement impossible d'en faire plus, compte tenu des exigences élevées de la faculté de médecine. Pourtant, dans les matchs, il tenait son bout et trouvait le moyen de briller, même si son équipe perdait semaine après semaine.

Il lui arrivait parfois, après une longue journée de stage et une soirée d'étude à la bibliothèque, de passer la nuit dans le vestiaire des Redmen, à dormir recroquevillé sur un amas de serviettes. C'était plus commode que de rentrer quelques heures à son appartement. C'étaient ses coéquipiers, étonnés de le voir là, qui le réveillaient le lendemain matin, à temps pour qu'il assiste à une réunion ou à un entraînement.

Il raconte souvent cette anecdote aux jeunes pour leur démontrer qu'il y a toujours moyen de s'organiser.

« On doit, dit-il, compartimenter sa journée, profiter de chaque instant, ce qui ne signifie pas pour autant de sacrifier toute vie sociale. Il faut acquérir de bons réflexes. Si on a un trou de deux heures dans sa journée, mieux vaut ne pas *chiller* à la cafétéria même si c'est tentant. On traîne quelques minutes avec les copains, parce qu'il est important de conserver un réseau d'amis, un réseau constitué de "vrais" êtres humains, pas des humains virtuels. On se précipite ensuite vers un endroit tranquille pour étudier. »

Parfois, après une journée d'étude et une séance d'entraînement en gymnase, il rejoignait ses amis dans un bar, ne serait-ce qu'une trentaine de minutes, le temps d'aller boire un verre d'eau avec eux. « C'est cent fois plus bénéfique que de rentrer chez soi et de passer trente minutes sur Facebook ou Instagram. » Tout est une question d'équilibre.

Il faut croire que ce régime ne lui nuisait pas trop. Malgré le peu d'heures de sommeil et le nombre restreint de séances d'entraînement, il offrait match après match des performances de plus en plus brillantes. À la fin de la saison 2012-2013, il a reçu le trophée J.-P.-Metras, remis au meilleur joueur de ligne offensive universitaire au Canada. Cet honneur national lui a ouvert les yeux et fait réaliser les occasions qui se présenteraient désormais à lui. Idem pour sa participation au Défi Est-Ouest, à London, en Ontario, le match des étoiles du football universitaire canadien.

Cet événement annuel réunit les meilleurs joueurs sur le point d'entreprendre leur quatrième année au sein des vingt-sept équipes membres du réseau Sport interuniversitaire canadien (aujourd'hui U Sports). Il y a des entraînements, des rencontres et des tests physiques. À ce chapitre, Laurent a donné une prestation particulièrement impressionnante, en mai 2013. On l'a alors proclamé

espoir numéro un au prochain repêchage de la Ligue canadienne de football. Bien évidemment, plusieurs recruteurs
et entraîneurs se déplacent pour l'occasion et scrutent à la
loupe tous ces jeunes joueurs. C'est le moment de saisir sa
chance et de s'imposer.

L'agent Sasha

Dès lors, Laurent a commencé à recevoir des appels d'agents et de représentants de six équipes de la NFL. C'est ici que Sasha Ghavami entre en scène dans ce qui semble être un véritable scénario d'Hollywood.

Au collège André-Grasset, où les deux jeunes hommes se sont liés d'amitié, Sasha répétait à son compagnon de classe qu'il deviendrait avocat et mènerait une carrière d'agent d'athlètes. Laurent lui rétorquait que, s'il devenait un jour un athlète professionnel, il serait son premier client. Il le disait sans trop y croire, ou du moins sans vraiment se prendre au sérieux.

Leurs camarades rigolaient souvent de les voir ensemble. Il faut dire que le contraste entre les deux hommes est particulièrement frappant : Laurent mesure trente centimètres de plus que son ami et fait deux fois son poids. Sasha était également un athlète accompli, un joueur de tennis d'élite, mais il n'avait jamais joué au football. Par contre, c'était un passionné de sport et il suivait assidûment les activités de la NFL. Il regardait le plus de matchs possible à la télé. Implacable, il connaissait tous les joueurs, d'hier et d'aujourd'hui, et savait l'histoire de toutes les équipes.

Sasha terminait sa troisième et dernière année en droit, à l'Université de Montréal. En vertu d'un programme d'échange, il poursuivait sa session en Australie. Les deux inséparables discutaient par Skype. Laurent a alors demandé à Sasha de devenir officiellement son agent. Laurent partait pour un long voyage en Europe le 23 juin. Sasha, lui, devait revenir de Melbourne le 24 juin. Plus déterminé que jamais, celui-ci a devancé de cinq jours son retour à Montréal et les deux amis se sont rencontrés dès son arrivée. Durant l'interminable vol qui le ramenait à Montréal, Sasha a eu le temps de rédiger son plan d'action. Il avait un objectif : mener Laurent Duvernay-Tardif à la NFL.

À vrai dire, il y croyait davantage que Laurent qui, lui, désirait avant tout se concentrer sur sa prochaine saison avec les Redmen de McGill. Or, il n'y avait aucun doute dans l'esprit de Sasha Ghavami : son client possédait toutes les qualités athlétiques et mentales nécessaires pour se rendre jusqu'au plus grand circuit professionnel de football. «Tu es méchant quand tu es sur le terrain. Tu es intense, agressif. Lorsque tu réussis un bloc, tu entraînes ton joueur au sol et les équipes aiment ça. Tout ce que tu dois améliorer, c'est ta technique», répétait-il obstinément.

Laurent admirait l'audace de son ami, tout en demeurant un tantinet perplexe. Ils étaient deux jeunes de vingt-deux ans. L'un n'avait aucune expérience comme agent, et l'autre ne connaissait rien de l'univers du football professionnel. Ils rêvaient à voix haute, voilà tout.

Ils disposaient d'un peu de temps, même s'il fallait tout de même faire vite. Nous étions en juin 2013, onzc mois avant le repêchage de la NFL, qui aurait lieu en mai 2014.

Légalement, Sasha ne pouvait pas acquérir le statut d'agent de joueur pour la NFL. Pour ce faire, il devait soit être titulaire d'une maîtrise, soit être membre du Barreau. Il terminait sa troisième année de droit. Qu'à cela ne tienne, il a passé avec succès l'examen qui lui permettait de devenir agent accrédité de la Ligue canadienne de football. Cela lui conférait une certaine autorité s'il devait s'adresser à des équipes de la NFL. Il pourrait, sans mentir, se présenter comme étant l'agent de Laurent Duvernay-Tardif.

La première étape du plan de Sasha était de trouver une agence pour représenter son client dans la NFL. Cette démarche essentielle n'allait pas de soi : il n'avait aucune relation dans le circuit américain. Il s'est donc mis à la recherche d'un agent qui se spécialisait dans les joueurs de ligne offensive et qui possédait une certaine expérience avec des athlètes canadiens. Autant chercher une aiguille dans une botte de foin… Il a fouillé frénétiquement dans Internet, parfois la nuit, et a fini par trouver le nom de celui qui avait représenté les intérêts de Vaughn Martin, un Canadien qui avait été repêché dans la NFL. Plaqueur défensif au sein de l'équipe de l'Université de Western Ontario, Martin a été repêché en quatrième ronde par les Chargers de San Diego, en 2009.

Pugnace comme pas un, Sasha a réussi à joindre par téléphone l'agent en question, Chad Speck. Ce dernier, impressionné par les résultats des tests physiques de Laurent, l'a convoqué en octobre au bureau de l'agence a3 Athletics, à Knoxville, au Tennessee, dans le sud des États-Unis. Lorsque Sasha lui a détaillé les performances de Laurent, l'agent a répliqué : « *Say what ?* » Il n'en croyait manifestement pas ses oreilles. Quand il a eu à son tour Chad Speck au bout du fil, Laurent a insisté pour être accompagné de Sasha. Il les invitait, à ses frais, à visiter ses installations.

La veille du départ, Laurent se souvient d'avoir été en proie à des doutes. Tout cela en valait-il la peine ? se demandait-il. Ne devrait-il pas envisager une autre option : terminer d'abord ses études de médecine et jouer ensuite dans la Ligue canadienne ? « Si tu ne le fais pas, tu vas avoir des regrets toute ta vie. Essaye, on verra. Tu n'as rien à perdre », a plaidé Sasha.

Laurent avait aussi demandé conseil à Danny Maciocia, entraîneur des Carabins de l'Université de Montréal. C'est un coach expérimenté, au jugement sûr, un homme de cœur qui lui inspirait confiance. Il a gagné la Coupe Grey à deux reprises, alors qu'il était à la tête des Eskimos d'Edmonton. Il a pris le temps de bien écouter le jeune homme qui venait se confier à lui. Il s'est assuré que sa passion du football était assez grande et l'a convaincu de faire le saut. « Tu n'as rien à perdre. Il faut oser, d'autant plus que tu as un plan B dont peu d'athlètes dans ta situation disposent : une carrière de médecin qui t'assurera une vie confortable », lui a dit Maciocia.

Le plan de Sasha pour que Laurent soit repêché en mai 2014 nécessitait qu'il accomplisse une préparation physique intensive. Cela l'obligeait à mettre de côté temporairement ses études de médecine et à s'entraîner à plein temps en vue des tests Combine de la NFL. Or, Laurent n'avait toujours pas reçu d'invitation officielle pour ces fameux tests. Il a tout de même choisi d'aller s'entraîner au gym Petrone, en banlieue de Nashville au Tennessee. On s'occuperait bien de lui et on veillerait à son bien-être, dans les moindres détails. Il serait logé et on lui fournirait même une voiture. Il n'aurait d'autres soucis que son programme d'entraîne-ment. Il côtoierait des joueurs de football de la National Collegiate Athletic Association (le circuit universitaire américain) et d'autres athlètes, dont des joueurs de base-ball professionnels. Il serait supervisé par des instructeurs chevronnés, parmi lesquels se trouvait Charles Petrone, un homme à qui, reconnaîtra-t-il plus tard, il doit beau-coup. C'est un entraîneur réputé, tous sports confon-dus. Il est célèbre pour ses méthodes novatrices, axées sur le développement de la flexibilité et de l'explosivité (la capacité de déclencher des contractions de muscles maximales en un temps minimal) plutôt que sur la force. C'est une sommité.

Tout cela attirait le jeune athlète, mais son destin était entre les mains de la faculté de médecine. Si la direction ne lui permettait pas cette absence, il serait manifestement forcé de renoncer à ce périple aux États-Unis et, par conséquent, à tout espoir d'accéder à la NFL. C'était en novembre. Une saison complète de football universitaire venait de s'écouler. L'intérêt pour Laurent traversait les frontières et des dépisteurs de la NFL l'avaient désormais à l'œil. Il est allé rencontrer le vice-doyen de la faculté de médecine de l'Université McGill, le Dr Robert Primavesi, et lui a

exposé sans ambages son plan : «Je veux être repêché dans
la NFL et il y a de bonnes chances que cela se produise.
Pour accomplir cet exploit, je dois consacrer toute mon
énergie au football dans les prochaines semaines. Pour
cela, je dois m'exiler temporairement aux États-Unis et
m'entraîner, ce qui signifie une pause de quatre mois dans
mes études. » Le Dr Primavesi, après en avoir discuté avec
le doyen de la faculté de médecine, David Eidelman, s'est
dit prêt à l'accommoder. Non seulement il lui permettrait
de s'absenter afin de maximiser ses chances d'être repêché, mais, advenant un repêchage, la faculté l'autoriserait
même à terminer sa formation régulière en sept années
plutôt qu'en quatre. Laurent se voyait ainsi accorder un
sursis de trois ans pour obtenir son diplôme durant la saison morte. Sans cet accommodement audacieux de la part
de l'Université McGill, il n'aurait probablement jamais fait
le grand saut.

De l'étudiant-athlète à l'athlète-étudiant

Soulagé de demeurer aspirant médecin, il s'est finalement rendu au Tennessee et s'y est entraîné durant quatre mois. Il a eu rapidement la confirmation qu'il avait les aptitudes pour poursuivre l'aventure. «Je me suis aussi aperçu, là-bas, que j'avais tout à apprendre. Ma technique de joueur de ligne offensive était lamentable», avoue-t-il.

Deux de ses partenaires de l'époque ont joué dans la NFL pendant une courte période. Il s'agit du demi de sûreté Bennett Jackson, qui a brièvement porté l'uniforme des Giants de New York avant d'être libéré, et du secondeur Prince Shembo. Ce dernier a connu un destin à la fois triste et inusité. Il a perdu son poste au sein des Falcons d'Atlanta après avoir été reconnu coupable d'avoir tué le chien de son amie de cœur. Ce geste de cruauté animale a mis fin à sa carrière.

Quelques semaines plus tôt, le jour où Laurent quittait Mont-Saint-Hilaire afin d'aller prendre l'avion pour le Tennessee, un cerf, sorti de nulle part, est venu percuter la portière de sa petite voiture, côté conducteur. Même si les dommages matériels étaient assez considérables, Laurent avait pu poursuivre sa route vers l'aéroport Trudeau. Il s'en était fallu de peu pour qu'il se blesse grièvement et que tous ses rêves s'évanouissent sur-le-champ. Puisque la portière n'ouvrait plus, il s'était extirpé de sa vieille Toyota Echo par le côté passager, une fois à l'aéroport. Quand il est revenu passer les Fêtes à Montréal, l'habitacle de sa Toyota déglinguée était rempli de neige... Dans son empressement et sa fébrilité, il avait omis de remonter la vitre de sa voiture.

Jamais sans son agent, même à la Classique Shrine

Deux événements marquants ont précipité l'éclosion de Laurent et ont fait écarquiller les yeux de plusieurs équipes de la NFL.

Le 18 janvier 2014, Laurent est l'un des deux seuls joueurs canadiens invités à la Classique Shrine, à St. Petersburg, en Floride, un match qui oppose les meilleurs espoirs de la National Collegiate Athletic Association (NCAA). C'est une vitrine incontournable pour tous ceux qui aspirent à la grande ligue. Des centaines de dépisteurs et de dirigeants d'équipes épient les moindres gestes des joueurs qui y participent. Ces derniers disposent d'une semaine d'entraînement avant le fameux match.

Son ami Sasha, alors en pleine session à l'École du Barreau, ne voulait pour rien au monde rater cet événement, à la fois pour épauler son client dans cette étape cruciale de son développement et pour élargir son réseau de relations. Il désirait plus que jamais faire progresser sa carrière d'agent. Après une brève visite à St. Petersburg, il est retourné en classe à Montréal durant trois jours, puis il est revenu une deuxième fois. La tempête de pluie verglaçante qui s'abattait ce jour-là l'a forcé à faire un détour par Fort Myers et à terminer le trajet en voiture. « Il n'y a pas meilleure preuve de son dévouement à mon endroit », reconnaît Laurent.

Laurent était heureux de le voir. Il se sentait bien seul dans cet univers qu'il découvrait. Il ne connaissait personne, contrairement aux Américains présents à l'événement. Toute son énergie allait à assimiler un nombre incalculable de jeux et de stratégies en une seule et courte semaine. Il croyait toutefois de plus en plus en lui.

Après une première séance d'entraînement, il s'est dit : « Je peux jouer avec ces gars-là. » Même si le calibre universitaire canadien est largement inférieur à celui de la NCAA, il était de taille. Il avait le gabarit et la force pour se battre contre ces Américains. Il gagnait en confiance, presque d'heure en heure.

Le soir, dans la chambre d'hôtel, Sasha, avec toute la fougue de ses 63 kg (140 lb), se transformait en joueur de ligne défensive pour que son protégé puisse répéter certaines manœuvres et assimiler le livre de jeux. « Je m'exerçais à faire toutes les variantes de blocs. On a bien ri. »

Laurent a attiré l'attention des médias et de bien des dépisteurs après ce match de la Classique Shrine. L'entraîneur-chef des Redmen de McGill de l'époque, Clint Uttley, avait tenu à être présent à St. Petersburg pour l'appuyer dans ses efforts. Laurent ne l'a pratiquement pas vu de la semaine. L'homme a passé une grande partie de son temps en entrevues avec des représentants d'au moins douze équipes de la NFL. C'était un véritable interrogatoire au sujet de Laurent Duvernay-Tardif. Les dirigeants voulaient en savoir davantage sur son attitude avec ses coéquipiers, son historique familial, ses habitudes de vie, ses forces et ses faiblesses, ses blessures. Ils voulaient aussi savoir comment il était perçu au sein du club, jusqu'à quel point il avait la passion du jeu et jusqu'à quel point il était prêt à se battre pour le bien de l'équipe. Uttley n'avait que de bons mots à dire à son sujet et s'appliquait à leur donner les réponses qu'ils attendaient.

Le jour du match, Laurent a pu compter sur les encouragements de sa famille et de ses amis qui ont fait le voyage pour partager ce moment unique.

Le coup de maître de Sasha

Il reste que le «joueur de McGill qui fait tourner toutes les têtes» n'a toujours pas été invité au fameux Scouting Combine de la NFL, qui se tient une fois par année, en février. À cet événement, qui a lieu à Indianapolis, dans l'État de l'Indiana, les joueurs universitaires américains les plus prometteurs sont conviés à effectuer une série d'exercices physiques et psychologiques en présence de recruteurs, de directeurs généraux, d'entraîneurs… et de journalistes, bien sûr. Parmi les tests auxquels doivent se soumettre les participants, il y a le sprint sur 40 verges, le développé-couché (*bench press*) et le saut en longueur sans élan. Les tests sont les mêmes pour tous, mais les résultats, aux fins de comparaison, sont classés en fonction de la position du joueur.

LDT n'y serait pas, malgré cette réputation enviable dont il jouissait? Qu'à cela ne tienne, son fidèle agent ne s'avouait pas vaincu pour autant. On ne le prenait jamais au dépourvu, celui-là. Il a une fois de plus mis à profit son audace et a organisé, le 27 mars 2014, une journée d'entraînement individuel à Montréal – ce que les gens du milieu appellent un *pro day* – devant des recruteurs de la NFL et de la Ligue canadienne de football et devant les médias.

« Honnêtement, j'avais des réserves. Je ne pensais pas que l'événement attirerait des gens », se rappelle Laurent. C'était un pari extrêmement ambitieux, une idée un peu folle même, une première au Canada. Les recruteurs allaient-ils partir de tous les coins de l'Amérique rien que pour venir l'évaluer, lui, l'athlète de Mont-Saint-Hilaire ?

Sasha avait réservé le Soccerplexe Catalogna, à Lachine, dans le sud-ouest de Montréal. Il avait vu gros et il avait vu juste. Neuf équipes de la NFL ont délégué des représentants pour l'occasion. Il y avait un représentant des Chiefs de Kansas City, bien sûr, mais aussi des recruteurs des Packers de Green Bay, des Bears de Chicago, des Cardinals de l'Arizona, des 49ers de San Francisco, des Eagles de Philadelphie, des Bills de Buffalo, des Jets de New York et des Raiders d'Oakland. Étaient également présents des représentants de la Ligue canadienne de football, notamment des Alouettes de Montréal, des Argonauts de Toronto, des Stampeders de Calgary et du Rouge et Noir d'Ottawa.

Détail savoureux : Sasha et Laurent ont appris après coup que le quart-arrière Johnny Manziel, surnommé « Johnny Football », avait organisé son *pro day* le même jour, au Texas. Étant donné que Manziel était déjà connu aux États-Unis et était une vedette médiatique, ils ont été bien chanceux de réunir à Montréal tant de dépisteurs ! Gagnant du trophée Heisman – la plus haute distinction au football universitaire américain –, Manziel a été repêché en première ronde par les Browns de Cleveland. Sa carrière a toutefois été écourtée par ses problèmes de consommation et ses nombreuses frasques, dont une sordide affaire de violence conjugale. Malgré lui, il est devenu le contre-modèle parfait pour quiconque aspire à une carrière dans le sport professionnel. Il a cédé à tous les pièges et gaspillé un immense talent. Libéré par les Browns en mars 2016 et sans emploi depuis, Manziel s'entraîne, dit-on, dans l'espoir d'un retour dans la NFL.

Véritable génie des communications et de l'organisation, Sasha avait attiré plus de trente représentants des médias. Le matin même, il avait été la cible d'un mauvais tour, orchestré par Laurent. Ce dernier l'avait joint par téléphone, la voix éteinte : « Écoute, Sasha, j'ai attrapé une gastro. Je me sens très faible, je suis déshydraté et je dois garder le lit. Il faut tout annuler… C'est vraiment dommage. Je sais que tu as réuni beaucoup de recruteurs, mais je suis incapable de bouger. » Sasha a cru qu'il allait s'évanouir. Il était resté silencieux un long moment, pétrifié, aphone.

C'était une (mauvaise) blague, bien sûr. À ce propos, il faut tout de même préciser que la peur de contracter un virus hantait constamment Laurent. Plus particulièrement quand il faisait son stage en pédiatrie à l'hôpital de Montréal pour enfants, pendant la saison de la grippe. Il prenait énormément de précautions. Les externes, comme tous ceux qui travaillent en milieu hospitalier, mettent malgré eux leur système immunitaire à l'épreuve.

Le jeune colosse affichait une forme resplendissante quand il s'est pointé au Soccerplexe au petit matin, après avoir pris un déjeuner très copieux. Des amis, des membres de la famille et une cinquantaine de spectateurs étaient venus l'encourager. Notre homme se sentait appuyé, ce qui était très important pour lui. Si, pour certains, la présence de proches en pareils moments devient source de stress, c'est tout le contraire pour Laurent. Ça lui donne des ailes. Encore aujourd'hui, quand des gens viennent le voir à Kansas City, ça lui fait chaud au cœur et ça le pousse à se dépasser.

Laurent débordait de confiance quand il a amorcé la première épreuve : le saut en longueur. Il a réussi un saut de 2,90 m, ce qui correspond assez fidèlement à la distance enregistrée par les joueurs de ligne offensive de la NFL qui se soumettent à pareil exercice. Il a cru percevoir dans les yeux des recruteurs que ces derniers aimaient ce qu'ils voyaient. La suite s'annonçait plutôt bien.

L'exercice le plus attendu est sans aucun doute le sprint de 40 verges. Pour les dépisteurs, cette épreuve, plus que toute autre, permet de départager les candidats. Ce qui est particulier, c'est que chaque recruteur présent a son propre chronomètre, comme s'il ne faisait confiance à personne d'autre qu'à lui-même. Il faut les voir comparer leurs résultats et discuter longuement de centièmes de seconde. Quel monde, quand même !

Laurent a franchi la distance en 4,94 s, selon les données de Sasha, ce qui est excellent pour un joueur de ligne offensive de son gabarit. Le *pro day* se terminait par la spectaculaire épreuve du développé-couché. Le futur garde des Chiefs est parvenu à lever la barre de 102 kg à trente-quatre reprises. On dit que la norme, pour un joueur de ligne offensive de la NFL, se situe autour de trente. Il avait l'impression que la partie était gagnée.

Sitôt cette épreuve terminée, Sasha a affiché les résultats de son protégé sur le réseau social Twitter. Il y avait matière à être confiant. Les chiffres étaient supérieurs à la moyenne enregistrée au Scouting Combine d'Indianapolis. Dans les heures et les jours qui ont suivi, le téléphone s'est mis à sonner. Plusieurs dirigeants voulaient recevoir ce « phénomène québécois » dans leurs bureaux. Les règles du circuit stipulent que les équipes ont le droit de convoquer au plus trente espoirs avant le repêchage du mois de mai.

Sasha suivait ses cours à l'École du Barreau en gardant toujours une main sur son cellulaire. Sa préparation aux examens était constamment interrompue par des appels des équipes de la NFL. Pour sa part, Laurent poursuivait un stage en pédiatrie à l'hôpital de Montréal pour enfants et consultait à tout moment son téléphone. Il ne remerciera jamais assez sa superviseuse de stage, la D^{re} Preetha Krishnamoorthy, endocrinologue pédiatrique, qui a toujours été extrêmement conciliante et compréhensive quand il devait modifier ses horaires ou obtenir des congés. Un jour, elle lui avait dit, à la blague, qu'elle avait du mal à concevoir qu'un étudiant aussi « doux et consciencieux » que lui puisse, une fois sur le terrain, se transformer en être agressif. Elle a d'ailleurs tenu ces mêmes propos à un journaliste du magazine des diplômés de McGill.

Quelques jours à peine après la journée au Soccerplexe, Laurent était convoqué aux bureaux des Packers de Green Bay, puis à ceux des Chiefs de Kansas City et des Dolphins de Miami. La semaine suivante, ce fut au tour des Browns de Cleveland, des Seahawks de Seattle et des Cardinals de l'Arizona de se manifester. Il a également rencontré les dirigeants des 49ers de San Francisco. Grand voyageur, il n'avait toutefois jamais pris l'avion aussi souvent ni sillonné autant les États-Unis. Il vivait dans un tel tourbillon, entre l'hôpital et les aéroports, qu'il en oubliait parfois la destination et s'en remettait à l'annonce du commandant de bord pour savoir dans quelle ville il atterrissait. Il a été reçu par neuf organisations au total. Une dizaine d'autres formations l'ont joint par téléphone et lui ont fait part de leur intérêt, sans pour autant planifier une rencontre.

Laurent et son grand-père Guy Tardif, ex-ministre au sein du gouvernement de René Lévesque.

Laurent fournit la crème solaire à son père, François Tardif.

Laurent, 2 ans, et sa mère Guylaine Duvernay sur le premier bateau familial, *Jarida*.

Laurent à la barre de l'*Istorlet*,
aux Bahamas, à l'hiver 2000.

Laurent avec son premier mérou de Nassau
harponné en apnée.

Laurent et ses sœurs, Delphine et Marilou,
avec Jonathan croisé lors de ce premier voyage en voilier.

Marilou, Laurent et Delphine, fiers de leur
dorade pêchée à la ligne.

Lecture lors du deuxième voyage aux Bahamas
durant l'hiver 2004.

Confection des amandines au Pain dans les voiles
avec l'ami de Laurent, Frédérik Rousseau Blass.

Laurent avec les Phénix du collège
André-Grasset, en 2009.

Avec les Redmen de McGill, en 2012.

À la Classique Shrine, en Floride, le 18 janvier 2014, en compagnie de Clint Uttley, alors entraîneur-chef des Redmen.

Mention d'honneur pour l'excellence académique et sportive :
Laurent faisait partie des huit récipiendaires honorés par le gouverneur
général du Canada, David Johnston, le 12 novembre 2013.

Entrée sur le terrain lors du premier match
de la saison à domicile, en 2016.

Protection de passe lors d'un match contre les Bills de Buffalo.

Affrontement d'homme à homme avec un joueur des Broncos de Denver.

Victoire des Chiefs contre les Broncos de Denver le 25 décembre 2016. Joyeux Noël !

Les Chiefs remportent la division de l'AFC West à San Diego le 1er janvier 2017.

Entrée au stade Arrowhead avec la foule sur le terrain.

Photo de famille après une victoire à Kansas City, avec sa copine Florence, sa sœur Marilou et ses parents.

Routine d'avant-match : Laurent signe quelques autographes avant d'aller revêtir ses épaulettes.

Visite en clinique de cardiologie à l'hôpital Sainte-Justine.

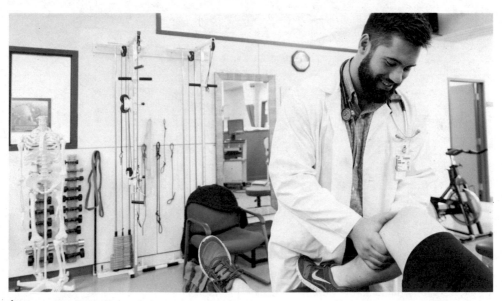

À la clinique sportive de l'Université McGill.

Caucus avec des jeunes lors de la journée
« Bouger avec LDT », en juin 2016.

Séance de football au stade Mémorial Percival-Molson
de l'Université McGill.

Séance de hockey, le sport incontournable pour les jeunes Québécois.

Laurent et ses parents, Guylaine et Francois,
qui l'encouragent dans tous ses projets.

Marilou, la plus jeune de la famille, qui fait partie du programme
Ramer vers le podium d'Aviron Canada.

Delphine, la sœur de Laurent,
grande fondeuse qui s'entraîne
avec Ski de fond Canada,
en Alberta.

Avec Florence-Agathe Dubé-Moreau : « Celle qui me comble et me rend heureux. »

Avec son ami et agent, Sasha Ghavami. Laurent signe un nouveau contrat de cinq ans avec les Chiefs le 27 février 2017.

Une entrevue d'embauche, assis sur la cuvette

L'athlète de Mont-Saint-Hilaire n'oubliera jamais son entretien avec les représentants des Eagles de Philadelphie. Ces derniers l'ont joint en plein après-midi et exigeaient une entrevue sur-le-champ, par Skype… Le jeune externe a obtenu la permission de s'absenter momentanément. Or, comme il ne trouvait aucune salle libre dans l'hôpital, il s'est réfugié dans les cabinets pour hommes. Assis sur l'abattant de la cuvette, il s'est entretenu durant plus d'une heure avec l'instructeur de la ligne offensive des Eagles. On lui montrait des vidéos de divers jeux et Laurent devait les identifier. Tous ceux qui défilaient dans la salle de toilettes se demandaient qui était ce fou qui parlait football avec on ne sait qui !

À cette époque, il se présentait à l'hôpital à sept heures et demie, muni de son petit baluchon et de son passeport, toujours prêt à partir. Sasha lui préparait des fiches techniques à propos des équipes qui l'attendaient. Tout y était : l'histoire de la franchise, le style de l'équipe, les noms des joueurs vedettes et des entraîneurs, le nom du stade, les principales caractéristiques de la ville et plus encore. Parce que, faut-il le répéter, Laurent n'a jamais vraiment suivi les activités de la NFL à la télé ni dans les journaux. Il craignait d'étaler son ignorance devant les entraîneurs. Les fiches de Sasha l'aidaient à combler ses lacunes.

Les responsables de stage de Laurent savaient qu'il aurait à s'absenter et ils ont été extrêmement conciliants. Heureusement, il n'en était qu'à l'étape de l'externat. Pareille souplesse aurait été impossible pour un résident. La résidence sous-tend davantage de responsabilités et des horaires beaucoup plus rigides. Laurent suivait un cheminement inhabituel et la grande majorité de ses compagnons de classe le comprenaient. Personne ne s'offusquait – du moins ouvertement – de le voir partir inopinément. Sans sombrer dans la flagornerie, précisons que Laurent a une personnalité extrêmement attachante et est aimé de tous. Dans toute cette aventure, il demeurait – et demeure toujours – très humble et affichait une sorte de détachement qui le rendait spontanément sympathique. «Personne n'était jaloux des horaires flexibles de Laurent. S'il avait été hautain ou "tête enflée", la situation aurait peut-être été différente, mais il était si modeste, si drôle et si amical», raconte une résidente de sa promotion.

La tournée américaine d'un externe

Laurent arrivait dans les villes américaines en fin d'après-midi. Des représentants des équipes venaient le cueillir à l'aéroport. On lui faisait visiter les installations, puis on l'invitait à souper avec les entraîneurs. Le lendemain matin, il se soumettait à des examens médicaux et rencontrait l'entraîneur de la ligne offensive. C'était à peu près toujours le même scénario.

Dans chacune de ses interviews, il mettait cartes sur table et affirmait son intention de poursuivre ses études tout en faisant carrière dans la NFL. Pour certaines équipes, cela posait problème. On craignait qu'il ne se consacre pas à cent pour cent au football. Pour d'autres, comme pour les Chiefs de Kansas City, être étudiant en médecine semblait plutôt être un atout. C'était signe que Laurent était un jeune homme discipliné, sérieux et capable d'assimiler des notions complexes. D'ailleurs, il ne ratait pas une occasion de rappeler tous les efforts qu'il avait faits pour être admis en médecine. Il insistait aussi sur son « éthique de travail », qualité essentielle pour mener de telles études.

À Kansas City, il a été reçu par l'entraîneur-chef, Andy Reid, l'entraîneur de la ligne à l'attaque, Andy Heck, et le coordonnateur de l'offensive de l'époque, Doug Pederson. Tous avaient une seule question en tête : pourquoi un étudiant en médecine tient-il à jouer au football dans la NFL ? Il répondait spontanément : « Parce que j'ai une véritable passion pour ce sport. » Il devait trouver les mots justes pour leur expliquer qu'il faisait ce choix par amour du football, qu'il s'y donnerait à fond, qu'il ne se lançait pas dans cette aventure pour s'enrichir ou parce qu'il n'avait rien d'autre devant lui, bien au contraire. Son message a bien passé. Ils ont compris, croit-il, qu'il n'entreprenait pas ce nouveau chapitre de sa vie en dilettante.

Fait important à signaler, la mère de l'entraîneur Andy Reid était médecin radiologiste et avait fait ses études au Canada, à l'Université McGill, justement. Ce détail n'était pas insignifiant. M. Reid savait, peut-être mieux que tous les autres, ce qu'exigeaient des études médicales dans cette institution.

D'autres équipes s'intéressaient à Laurent en raison de ses résultats au *pro day,* de son gabarit imposant et de ses qualités athlétiques. Elles exprimaient toutefois des doutes sur sa capacité d'adaptation au football de la NFL. Les règlements du football canadien, ceux qui sont appliqués dans le circuit universitaire québécois, diffèrent en effet considérablement de ceux du football américain. Au Canada, il y a une zone d'une verge entre le ballon et la ligne défensive, et la surface de jeu est beaucoup plus grande.

Elle mesure 150 verges de longueur (110 verges entre les lignes des buts, avec des zones de buts de 20 verges de profondeur). Au football américain, le terrain fait 120 verges de long (100 verges entre les lignes des buts, avec des zones de buts de 10 verges de profondeur). Le nombre d'essais pour franchir 10 verges est de 4 au football américain contre 3 au football canadien, de sorte que le jeu canadien est beaucoup axé sur l'attaque aérienne. Le nombre de joueurs sur le terrain est de 11 dans la NFL, alors qu'au Canada, il est de 12. Pour le profane, ces détails peuvent paraître insignifiants, mais, pour un joueur de ligne offensive, cela change beaucoup de choses. Le joueur des Redmen était conscient qu'il allait devoir s'adapter. Il était prêt à mettre les bouchées doubles. Les variantes dans les règles nécessitaient certes une adaptation. Toutefois, le plus gros point d'interrogation des entraîneurs concernait les lacunes techniques de LDT.

La perspective d'être choisi, lors du repêchage des 8, 9 et 10 mai 2014, à New York, par l'une des trente-deux équipes du circuit que dirige Roger Goodell lui apparaissait de plus en plus réelle. Sasha, lui, ne doutait absolument pas de ses chances. Ni Matthieu Quiviger, d'ailleurs. Tous deux y ont cru encore davantage quand Mike Mayock, ancienne vedette des Giants de New York, aujourd'hui analyste réputé à la chaîne de télévision NFL Network, a chanté les louanges de Laurent Duvernay-Tardif en ondes et a attiré l'attention sur lui.

Le repêchage de la NFL s'étirait sur trois jours. La première ronde avait lieu le jeudi, les deuxième et troisième rondes le vendredi et les quatre rondes suivantes le samedi. Lorsque la deuxième ronde du repêchage s'est amorcée, Laurent était de faction à l'hôpital. Quand le travail l'appelait, il prêtait son téléphone cellulaire à une infirmière au poste, la suppliait de répondre si la sonnerie retentissait, de dire « *yes* » puis de lui faire signe rapidement…

L'aspirant footballeur était peu stressé la première journée, car ses chances d'être repêché au premier tour demeuraient pour ainsi dire nulles. À partir du vendredi soir, il a établi ses quartiers chez Sasha, à Deux-Montagnes. Plusieurs de ses bons amis y étaient, de même que ses parents et ses sœurs. Tous gardaient les yeux rivés sur la télévision. La confiance régnait et l'ambiance était à la fête.

La veille, Laurent assistait à la naissance par césarienne de jumeaux prématurés, lors de son stage en pédiatrie. C'est la raison pour laquelle il est arrivé un peu en retard au *party* de repêchage à Deux-Montagnes.

La dernière séance débutait à midi, le samedi. Plus la journée avançait, plus la tension montait. Tous ceux qui étaient réunis avec Laurent devant le téléviseur savaient qu'une vingtaine d'équipes avaient manifesté de l'intérêt. Allaient-elles le choisir pour autant ? On a déjà vu de grands espoirs attendre en vain d'être repêchés… Les experts prédisaient que son nom sortirait entre la troisième et la cinquième ronde. Il avait beau se montrer confiant, il ressentait tout de même une certaine inquiétude. Le téléphone sonnait souvent, cet après-midi-là, ce qui ajoutait au suspense. Il s'agissait principalement d'appels en provenance d'équipes qui signifiaient leur intérêt si jamais il n'était pas repêché. Sasha ne doutait pas qu'il le serait, mais il faisait néanmoins les cent pas et cachait mal sa nervosité. Il a avoué beaucoup plus tard que ce jour-là, et ce jour-là seulement, il avait eu peur que leur belle aventure s'arrête.

C'est finalement vers seize heures que l'appel tant attendu est venu. Laurent ressent encore une grande émotion quand il se remémore ce moment qui a changé sa vie à jamais. Le périple commençait. Dans moins de vingt-quatre heures, il serait dans l'avion, en partance pour sa ville d'adoption. L'entraîneur-chef, Andy Reid, a annoncé lui-même la nouvelle à Laurent. Les Chiefs de Kansas City venaient de le choisir en sixième ronde. Il devenait du coup le premier Québécois repêché dans la NFL depuis Randy Chevrier, sélectionné en septième ronde par les Jaguars de Jacksonville en 2001. Il est difficile, pour quiconque ne connaît pas la réalité du football aux États-Unis, de saisir à quel point il est inhabituel pour une équipe de la NFL d'insérer un joueur issu du circuit universitaire canadien dans sa formation. Comme le rappelait le recruteur des Chiefs de Kansas City, Pat Sperduto, au lendemain de la sélection du Québécois, « le niveau de compétition au Canada est de loin inférieur ». L'entraîneur-chef, Andy Reid, a souvent souligné, lui aussi, l'écart gigantesque entre le calibre universitaire canadien et celui de la National Collegiate Athletic Association (NCAA).

Le *party* qui s'en est suivi a été mémorable. Laurent a réuni pour l'occasion plus de trois cents personnes dans un bar de la rue Saint-Denis, à Montréal. La fête a été à la hauteur de l'événement à célébrer. Dès le lendemain matin, au réveil, Laurent, encore entre deux eaux, prenait l'avion pour Kansas City, dans l'ivresse de cette belle nouvelle, ses vêtements empilés en catastrophe dans des sacs d'épicerie.

Apprivoiser Kansas City

La fête avait été bien arrosée et Laurent avait à peine fermé l'œil. Dans l'avion qui le menait vers sa ville d'adoption, il combattait une forte nausée. Peu de temps après son arrivée à Kansas City, il a été présenté à la presse locale. La nouvelle de son repêchage avait déclenché un tsunami médiatique au Québec. Même le *Téléjournal* de Radio-Canada en avait fait une manchette.

Le 11 mai 2014, Laurent Duvernay-Tardif a signé son contrat et il a eu son premier entraînement dès le lundi suivant. Personne ne l'avait prévenu que les choses se dérouleraient si vite. Personne ne l'avait préparé à ce tourbillon. Peut-être l'aurait-il su s'il avait joué dans une grande université américaine.

À sa première présence dans le vestiaire, un coéquipier, aussi joueur de ligne offensive, s'est approché de lui et l'a regardé dans les yeux: «Moi, si j'étais un docteur, tu peux être certain que je ne serais pas ici.» Il n'était pas le seul, dans l'équipe, à considérer comme un extraterrestre ce French Canadian qui venait des Redmen de McGill et non pas de Notre-Dame, d'Ohio State, de Penn State, d'Alabama ou d'une autre prestigieuse équipe de la NCAA.

Quand on pense à la vie d'un athlète professionnel, on a tendance à ne songer qu'à l'argent et à la gloire. On oublie des réalités toutes simples : vous êtes un jeune homme de vingt-trois ans, vous débarquez soudainement dans une ville du Midwest américain et vous devez repartir de zéro. Avant le début de la saison, vous devez trouver un appartement, le meubler, ouvrir un compte à la banque, vous abonner aux services d'électricité, de câble, d'Internet. Il faut bien sûr entreprendre des démarches rapidement pour obtenir un visa de travail, un numéro d'assurance sociale et un nouveau permis de conduire. Tout cela demande du temps. Heureusement, les Chiefs fournissent en ces circonstances une assistance incommensurable. Son installation dans son petit logement s'est faite facilement. Puisqu'il ne savait pas s'il allait rester dans l'effectif avant les dernières «coupures» du camp d'entraînement, il a vécu à l'hôtel de mai à août avant de signer un bail et d'emménager dans son appartement.

Tout au long de sa première année, Laurent a pu bénéficier du soutien de deux employés des Chiefs chargés de «veiller» non seulement sur lui, mais sur toutes les recrues. Inévitablement, au cours d'une saison, les nouveaux venus dans le circuit vivent des moments difficiles, tant physiquement que psychologiquement. Ils se retrouvent loin de leurs familles et amis, dans une ville étrangère. Ce phénomène porte le nom de *rookie wall* (mur des recrues). Pour les aider à franchir cette étape, on organise souvent des rencontres au cours desquelles on les met en garde contre les pièges qui guettent tous les joueurs mais en particulier les recrues : les drogues, les mauvaises fréquentations, etc.

Ce fameux « mur » peut aussi se présenter sous la forme d'une grande fatigue. Jouer dans la NFL est extrêmement exigeant, physiquement et mentalement. Il faut tout donner, littéralement, jour après jour. En novembre, quand les journées raccourcissent et que la grisaille s'installe, il faut être fait fort pour demeurer au sommet de sa forme. Trouver l'énergie de se pointer au complexe d'entraînement avec la même concentration et la même intensité, durant seize semaines, demande une rigueur et une discipline de tous les instants.

« Les semaines s'accumulent à grand rythme et on n'entame jamais la suivante à cent pour cent de nos capacités. On ne récupère jamais tout à fait avant d'entreprendre une nouvelle semaine. Plus la saison avance, plus on met d'énergie à demeurer "fonctionnels". Le repos et l'alimentation prennent une importance capitale. Au début de la saison, on a tendance à célébrer nos victoires, le dimanche soir. Vers la fin du calendrier, les soirées d'après-match se limitent à des bains de glace », dit le garde des Chiefs.

Une semaine dans la vie de LDT

Bien des gens s'étonnent quand Laurent raconte la semaine type d'un joueur de football professionnel de la NFL. Faut-il préciser que les journées sont longues et qu'il lui arrive très souvent de se pointer au centre d'entraînement, à une quinzaine de kilomètres de son appartement, vers sept heures pour en ressortir douze heures plus tard?

L'équipe dispute seize matchs dans la saison, dont huit à domicile. À cela s'ajoutent quatre matchs préparatoires et – tous les clubs le souhaitent – des matchs en séries éliminatoires. Même les profanes le savent: la majorité des parties ont lieu le dimanche après-midi.

Le lundi se veut, du moins en théorie, une journée de congé. Cela va de soi, d'autant plus que le retour à domicile se fait parfois tard dans la nuit. On permet aux joueurs de dormir plus longtemps. La journée est consacrée à de légers entraînements en gymnase et à des traitements de physiothérapie pour ceux qui en ont besoin. Le matin, Laurent se rend à son cours hebdomadaire de yoga, une activité qui l'aide à acquérir davantage de souplesse et qui lui permet de beaux moments de relaxation.

Le mardi constitue officiellement le début de la préparation en vue du prochain match. Laurent commence à étudier la défensive de l'équipe à battre le dimanche suivant. Il regarde sur vidéo les faits saillants du plus récent match de ses rivaux. Il cherche à comprendre la philosophie défensive de l'équipe, ses tactiques privilégiées. Il repère les joueurs qu'il aura à affronter, analyse leurs gestes dans les moindres détails.

À l'aide d'un logiciel sur sa tablette numérique, il peut analyser les stratégies offensives de ses adversaires. En décortiquant ainsi le jeu de l'ennemi, il pourra déterminer lui-même la meilleure façon de le contrer.

Être joueur de football, c'est être un éternel étudiant. Laurent traîne toujours avec lui un cahier Moleskine dans lequel il prend des notes, exactement comme il le fait à l'école. Il a constamment le nez dans son livre de jeux qui, faut-il préciser, change presque du tout au tout d'une semaine à l'autre. Quand il en a assimilé le contenu, Laurent le referme et recopie les jeux dans son cahier, en traçant des *X* et des *O*. Ces dessins sont essentiels à l'apprentissage du football. Un célèbre entraîneur américain, Bill Walsh (1931-2007), a publié un ouvrage[4], en 1990, dans lequel il livre sa recette du succès, lui qui a mené trois fois les 49ers de San Francisco à la conquête du Super Bowl. Le bouquin est truffé de schémas faits de *X* et de *O*. L'éditeur a fait pression pour supprimer ces diagrammes, sous prétexte que cela rendait la lecture ardue et freinerait les

---

4. Bill Walsh, *Building a Champion : On Football and the Making of the 49ers*, New York, St. Martin's Press, 1990.

ventes. Walsh a insisté pour les préserver. Et il a eu raison de s'entêter, puisque l'ouvrage s'est écoulé à des millions d'exemplaires.

«Je dois avouer que j'ai l'habitude, grâce à mes études de médecine, d'avoir le nez dans les livres. J'ai aussi la chance d'avoir une excellente mémoire et de retenir assez facilement ce que je lis», explique Laurent. Or, spécifie-t-il, le plus dur a été d'apprendre le jargon. Cela lui a pris un an. «Ce n'est pas de l'anglais ni du français. C'est du football, une langue en soi.» Par exemple, le *cross dog 25* correspond à un jeu bien précis dans le dialecte des footballeurs. «Tous les joueurs doivent être capables de le visualiser et d'imaginer le déroulement de chacun de nos jeux si une défensive adverse choisissait cette approche contre nous.»

Ses coéquipiers ont vite remarqué ses grandes capacités intellectuelles. Le centre Mitch Morse, son voisin immédiat sur la ligne d'engagement et son bon ami à l'extérieur du terrain, s'est dit impressionné par les aptitudes de LDT. «Quand on étudie les jeux de nos adversaires sur vidéo, il apporte un regard différent. Il voit des trucs précis tout en dégageant des concepts.» Mitchell Schwartz, un autre coéquipier de Laurent, a renchéri: «Il ne commet à peu près jamais d'erreurs mentales. On lui dit une chose une fois et il s'en souvient.»

Le mercredi est sans doute la journée la plus longue et la plus exigeante, tant pour le corps que pour l'esprit. Dès sept heures, Laurent assiste à une réunion réservée aux membres de la ligne offensive, qui sera suivie d'un meeting avec ceux de la ligne défensive, puis d'une autre avec toute l'équipe.

Vient ensuite le temps de ce que les joueurs appellent le *walkthrough,* une sorte de répétition, sur le terrain, au pas de marche, pour se familiariser avec les jeux de la défensive adverse et les stratégies à l'attaque des Chiefs.

Après un repas collectif, les gars enfilent leur équipement et envahissent le terrain (le complexe compte quatre terrains, dont un intérieur) pour un entraînement intensif de plus de deux heures et demie. S'ensuit une période de musculation. La journée se termine par une autre réunion, cette fois selon la position des joueurs. Tous les jeux exécutés pendant la séance d'entraînement ont été filmés, sous deux angles, et sont revus afin de déterminer ce qui a mal tourné.

Avant de quitter le complexe d'entraînement, le garde s'arrête à la cafétéria, d'où il ressort avec un souper équilibré qu'il emporte à son appartement. Il n'aura donc pas à cuisiner à son arrivée à la maison, vers dix-neuf heures. Il ira au lit assez tôt, mais pas avant d'avoir jeté un œil sur ses courriels, sur *La Presse+* et sur le site Web de Radio-Canada. C'est sa façon de garder le contact avec le Québec et de demeurer au fait de l'actualité. Souvent, il en profite pour jouer des parties de Scrabble interactives avec sa grand-mère, ses amis ou d'autres membres de sa famille. Il ne rate jamais non plus l'émission *Infoman,* sa préférée parmi toutes. Soucieux de bien s'intégrer à la vie dans le Midwest américain, Laurent reste tout de même très attaché au Québec.

Le jeudi ressemble en plusieurs points au mercredi. Les joueurs remplacent cependant les épaulières traditionnelles par des épaulières beaucoup plus petites et remplies de sable afin de diminuer la violence des contacts. La journée est consacrée à la révision de stratégies plus pointues, en prévision de certaines situations de match, quand l'équipe se retrouve à une ou deux verges de la zone des buts, par exemple.

N'oublions pas que l'objectif de cette semaine de préparation est de faire en sorte que chaque joueur soit à même, le jour du match, de donner son plein potentiel, d'être au summum de sa forme physique et mentale. Le vendredi, les athlètes commencent déjà à ralentir. L'entraînement est par conséquent plus léger et se fait sans l'équipement complet. Idem le samedi, où l'on tient un autre *walkthrough* le matin, suivi de courtes réunions. Quand les matchs n'ont pas lieu à domicile, le départ se fait autour de treize heures. Des autocars déposeront les joueurs directement sur le tarmac, à l'aéroport. Lorsque les Chiefs ont joué à Londres, des agents douaniers sont venus faire les vérifications de routine dans le vestiaire.

Le samedi, vers dix-sept heures, tous les joueurs doivent se rapporter à l'hôtel où loge l'équipe... même quand le match est disputé à Kansas City. Au début de sa carrière, Laurent ne voyait pas l'utilité de cette mesure. Aujourd'hui, il en comprend tout à fait le bien-fondé. Plusieurs amis ou membres de sa famille assistent aux matchs qui se tiennent à Kansas City. Puisqu'il est libre en après-midi, il en profite généralement pour aller les accueillir à l'aéroport, leur remettre leurs billets et bavarder un peu avec eux. Idéalement, il préfère ne pas discuter de football afin de s'éviter du stress supplémentaire.

Il est toujours très touché et très heureux de savoir qu'ils ont fait le voyage depuis Montréal pour venir l'encourager et applaudir son équipe. «Je dois quand même dire que le fait d'aller dormir à l'hôtel avec mes coéquipiers me garde concentré. C'est très sain. Une fois à ma chambre, je ne prends plus d'appels sur mon cellulaire, je ne lis plus mes textos. Je réfléchis au travail que j'aurai à accomplir le lendemain sur le terrain de football. Je m'étends sur le lit, je ferme les yeux et je visualise certains jeux. Je pense aussi que l'idée de ne pas coucher à la maison plaît à mes coéquipiers qui ont de jeunes enfants susceptibles de perturber leur sommeil», dit-il.

Le samedi, après le souper d'équipe, les entraîneurs tiennent une dernière réunion, de dix-neuf heures à vingt et une heures, puis les joueurs vont au lit. Le but, on le répète, c'est d'être au sommet de sa condition physique et mentale, autour de treize heures, le dimanche.

Après les matchs à domicile, Laurent prend le temps de saluer ses amis ou les membres de sa famille venus du Québec. Il les invite à visiter le stade et à marcher sur le terrain. Il a des visiteurs presque à toutes les parties, tantôt un collègue de classe, tantôt un ami, tantôt un commanditaire. Après une heure ou deux de détente, il les convie généralement avec quelques coéquipiers à un repas et une partie de billard à l'appartement.

Il va de soi que cette routine ne tient plus quand le calendrier prévoit un match le jeudi soir. Et lorsque les Chiefs ont joué à Londres, en 2015, l'horaire était encore plus démentiel. Partis de Kansas City le jeudi, en soirée, les joueurs et les entraîneurs ont dû dormir à bord de l'avion parce qu'une réunion était prévue dès onze heures, heure de Londres, soit deux heures après leur arrivée. L'équipe a eu des entraînements le vendredi et le samedi. La partie du dimanche avait lieu à neuf heures (heure des États-Unis) au stade de Wembley, devant quatre-vingt-dix mille spectateurs. Personne n'a eu le temps de faire du tourisme ni de s'adapter au décalage horaire.

Pour que les joueurs soient au sommet de leur art, on mise non seulement sur la répétition des jeux, mais aussi sur la stabilité dans l'horaire. Dans le vocabulaire de tous les membres de l'équipe et de l'entourage, le jour du match devient le jour J. Le jour précédent est appelé le jour J-1, l'avant-veille, le jour J-2, et ainsi de suite. « On en vient à croire que le dimanche est un samedi quand le match a lieu le lundi soir parce que le jour J-1 correspond normalement au samedi. »

Si les semaines sont extrêmement chargées durant la saison, elles le sont encore davantage lors du camp d'entraînement qui se tient à St. Joseph, en banlieue de Kansas City, au mois d'août. C'est une véritable épreuve, qui ressemble en certains points aux camps de formation des Marines américains. La première séance quotidienne s'amorce à huit heures et s'étire jusqu'à onze heures et demie. À ce temps de l'année, dans ce coin du Midwest, la température s'élève fréquemment à plus de quarante degrés Celsius. Après un repas du midi et une réunion, un deuxième entraînement, heureusement plus léger, a lieu en après-midi. La journée se termine par une séance de musculation en gymnase. On libère les joueurs vers vingt et une heures et ils retournent dans leurs dortoirs, crevés. Et ça recommence le lendemain.

Ce qui a frappé Laurent, à son premier camp, c'est le côté inhumain de l'aventure. Il a été particulièrement fasciné par le caractère brutal des «coupures» (expression désignant le retrait d'un membre de l'équipe avant le début de la saison). «Tu tisses des liens extraordinaires avec tes camarades. Au camp d'entraînement, tu travailles durement avec quatorze autres joueurs de ligne offensive. Puis, du jour au lendemain, cinq d'entre eux sont retranchés. Tu ne les reverras plus. Tu es partagé entre la joie d'avoir été épargné et la tristesse d'avoir perdu des voisins, des amis. Tu penses que tu l'as échappé belle mais, le lendemain, de nouveaux joueurs arrivent et le bal recommence, jusqu'à ce qu'il y ait d'autres coupes. Ces nouveaux arrivés sont tous talentueux. Ils ont été les vedettes de leur université ou de leur *high school.*» Il restera huit joueurs de ligne offensive au début de la saison : cinq seront partants, deux seront remplaçants et un ne portera pas l'uniforme le jour des matchs.

Dans cet univers bien singulier, rien n'est jamais acquis. Une fois le camp d'entraînement terminé, le risque de perdre son poste demeure. «Chaque lundi, l'équipe fait venir des joueurs sans emploi et les soumet à des entraînements afin de déterminer s'ils sont supérieurs à ceux dans la formation.»

Décidément, la sécurité d'emploi n'existe pas dans ce curieux métier. Le taux de roulement est effarant. «Chaque équipe doit avoir un effectif de cinquante-trois joueurs en tout temps, pas un de plus ni un de moins. Quand un athlète se blesse, il faut mettre sous contrat un joueur de la même position et, donc, retrancher un joueur d'une autre position à qui on n'a rien à reprocher. C'est ce qui fait que des gars doivent, à trois heures d'avis, quitter l'équipe sans savoir s'ils trouveront du travail dans une autre ville ou s'ils devront peut-être mettre fin à leur carrière. Personne ne tient compte du fait que ce joueur a acheté une maison et a deux enfants d'âge scolaire. La réalité du football, c'est aussi ça. Même si les conditions salariales sont fabuleuses et même si on mène une vie de rêve. »

À son premier camp, quand il était une verte recrue, Laurent se demandait pourquoi autant de camions Purolator ou autres camions de livraison défilaient aux abords des chambres. Il a vite compris que certains joueurs, en particulier les vétérans, se faisaient livrer des matelas et des téléviseurs! «L'importance de dormir dans un bon lit confortable est d'autant plus grande quand ton corps, qui est ton unique source de gagne-pain, est mis à l'épreuve toute la journée. »

Il lui a fallu un peu de temps pour s'habituer à la vie de footballeur professionnel. La transition de la médecine au football demandait de l'adaptation. À ses premiers mois dans l'uniforme des Chiefs, il avait tendance à donner aux entraîneurs des réponses très nuancées, très réfléchies. Il pesait systématiquement le pour et le contre, émettait des hypothèses, posait à son tour des questions. C'est une habitude qui lui vient de ses études de médecine, un domaine dans lequel tout n'est pas tout noir ou tout blanc. Le coach de la ligne offensive lui a poliment demandé de simplifier ses réponses. « Que fais-tu quand la défensive adverse adopte une formation *cross dog 25* ? », demandait l'entraîneur. « Tout dépend du nombre d'essais qu'il reste… », répondait Laurent, en s'efforçant d'imaginer tous les cas possibles. Cela hérissait les coachs, qui exigeaient une réponse rapide, claire et précise. Il a fini par s'adapter.

A contrario, lorsqu'il quitte le vestiaire de l'équipe, à la fin de la saison, et qu'il remet son sarrau d'étudiant en médecine, Laurent doit revenir à une approche plus nuancée. Habitué au ton direct du monde du football, il a déjà brusqué, bien involontairement, des collèges externes, à l'hôpital, par ses propos jugés trop durs. Quand la conversation s'éternise pour savoir qui s'occupera de tel ou tel patient, il a tendance à vouloir trancher rapidement, comme on le fait au football…

Des géants des Chiefs à *Casse-Noisette*

Laurent a aimé Kansas City dès ses premiers jours là-bas. C'est une destination dont il ne connaissait pour ainsi dire rien mais dont il ne cesse de découvrir les attraits. Il avait lu que la ville recelait une centaine de restaurants de grillades et était mondialement connue comme étant la capitale du barbecue. Et il en a déjà suffisamment profité pour confirmer que cette réputation est bien méritée. Cela dit, le centre-ville regorge également d'excellents restaurants aux menus variés et raffinés.

Laurent a surtout découvert une ville à la riche vie culturelle, ce qui compte beaucoup à ses yeux. Il lui arrive d'aller au concert au Kauffman Center for the Performing Arts, une salle magnifique conçue par l'architecte Moshe Safdie, celui à qui l'on doit notamment le complexe résidentiel Habitat 67, à Montréal. On trouve en outre dans cette ville d'environ cinq cent mille habitants quelques musées importants, dont l'un consacré à l'histoire du jazz et l'autre à la Première Guerre mondiale.

Quand ils ont une journée de congé, plusieurs de ses coéquipiers aiment aller faire du tir. Il les accompagne parfois.

Pas trop souvent, parce qu'il n'a pas grandi dans cet univers et que ses connaissances en balistique sont minimes. Il essaie plutôt de convaincre ses coéquipiers de tenter d'autres expériences. Aux environs de Noël, en décembre 2015, il a pris l'initiative d'emmener quelques-uns d'entre eux à une représentation du ballet *Casse-Noisette,* dont la musique était interprétée par l'Orchestre symphonique de Kansas City. Ils l'ont trouvé quelque peu étrange d'avoir une pareille idée et certains se sont sentis à l'étroit dans les sièges, mais ils ont aimé leur soirée. « Ça montre à quel point je me suis bien intégré, tout en demeurant moi-même. Je sens que je fais partie de l'équipe à cent pour cent. Mes coéquipiers en sont venus à apprécier tout ce qui faisait de moi un extraterrestre à mes débuts, en 2014. Plusieurs d'entre eux trouvent même le temps de venir visiter Montréal durant la saison morte. »

Ceux qui ne connaissent à peu près rien à l'univers du football et du sport professionnel se demandent pourquoi il n'exerce pas son métier au sein des Alouettes de Montréal. Après tout, le Bureau de recrutement de la Ligue canadienne de football (LCF) ne l'avait-il pas classé premier espoir au repêchage de 2014? Il faut savoir que, lorsque l'occasion de jouer aux États-Unis se présente, la question ne se pose pas et le choix s'impose naturellement. Pour un athlète, la NFL représente l'un des plus prestigieux circuits sportifs au monde.

Cela dit, quand on aborde la question avec lui, le garde des Chiefs en profite pour préciser qu'il a énormément de respect pour la LCF et qu'il aurait sans doute été heureux d'y évoluer s'il avait été ignoré par les recruteurs de la NFL. Le jeu que l'on y pratique, estime-t-il, procure aux partisans un spectacle de grande qualité. Il se réjouit par ailleurs de voir que de plus en plus de joueurs issus du circuit universitaire québécois y font carrière. Au dernier match de la Coupe Grey entre le Rouge et Noir de l'Université d'Ottawa et les Stampeders de Calgary, en 2016, on comptait plus d'une vingtaine de Québécois, dont Arnaud Gascon-Nadon, ex-Rouge et Or, que Laurent a affronté à plusieurs reprises du temps où il portait les couleurs des Redmen de McGill. Il y avait d'ailleurs une grande rivalité entre les deux hommes.

Les dirigeants de la Ligue canadienne savaient pertinemment que Laurent irait aux États-Unis. Le repêchage de la LCF a toujours lieu après celui de la NFL et les Chiefs avaient déjà recruté le joueur des Redmen. C'est la raison pour laquelle il n'a été choisi qu'en troisième ronde, au dix-neuvième rang, par les Stampeders de Calgary. Il allait de soi, pour cette équipe de l'Ouest, que le joueur opterait pour la NFL.

Ce qui réjouit Laurent par ailleurs, c'est que la NFL porte de plus en plus son regard sur le circuit universitaire québécois. On ne parle évidemment pas d'une pépinière pour la NFL, loin de là. Il reste que le garde des Chiefs pourrait avoir ouvert la voie à d'autres Québécois.

Antony Auclair, le centre-arrière du Rouge et Or de l'Université Laval, intéresse plusieurs équipes de la NFL, dont les Chiefs de Kansas City. On dit qu'il a les aptitudes pour marcher dans les traces de Laurent. Il suit d'ailleurs un cheminement comparable et s'est entraîné au Tennessee, au même complexe. Il a aussi participé à la Classique Shrine, en janvier 2017. Son agent est un dénommé Sasha Ghavami...

« Il y a à peine six ou sept ans, du temps où je jouais avec les Carabins de l'Université de Montréal, la NFL était considérée comme inatteignable. On n'y pensait même pas. Ceux qui aspiraient à poursuivre chez les professionnels envisageaient une carrière dans la LCF. Depuis la percée de Laurent Duvernay-Tardif, tout a changé. Des joueurs du circuit universitaire québécois savent qu'ils peuvent rêver de la NFL. Ça marche dans les deux sens : les recruteurs américains s'intéressent de plus en plus aux athlètes d'ici », dit Alexis Rousseau-Saine, l'ex-capitaine des Carabins.

Un mentor québécois à Kansas City

Ça ne s'invente pas : un autre Québécois a joué pour les Chiefs et s'est installé à Kansas City pour y pratiquer la médecine. Il s'appelle Jean-Philippe Darche et Laurent l'a rencontré grâce à un ami commun, Matthieu Quiviger.

Darche connaît un parcours assez similaire, très inspirant pour LDT. Il a joué pendant neuf saisons dans la NFL à titre de spécialiste des longues remises avec les Seahawks de Seattle et les Chiefs de Kansas City. Il a même participé au Super Bowl de 2006. Il a eu la générosité de recevoir Laurent à quelques reprises chez lui, peu après son arrivée aux États-Unis, dans sa maison d'un quartier paisible, en banlieue de Kansas City. Les deux hommes ont beaucoup en commun et se sont vite liés d'amitié, bien qu'ils ne soient pas de la même génération. Darche a quarante et un ans. Les Québécois ayant porté l'uniforme des Chiefs ne sont pas légion, après tout. Quel incroyable hasard, tout de même !

Plus encore, c'est surtout la médecine qui les rapproche. Jean-Philippe termine actuellement sa résidence en médecine familiale à l'hôpital de l'Université du Kansas.

Contrairement à Laurent, il n'a pas eu l'occasion de poursuivre sa formation tout en jouant au football professionnel. Il a étudié deux ans en médecine à l'Université McGill avant d'entreprendre une carrière de footballeur. Il a alors abandonné ses études.

À sa retraite du football, en 2010, Jean-Philippe Darche s'est inscrit en médecine à Kansas City et a eu le courage de repartir de zéro. Après quatre ans de formation, il a obtenu son diplôme. « C'est un beau modèle pour moi. J'aime bien aller dans sa famille et je me suis attaché à ses enfants. Jean-Philippe entend se concentrer sur la médecine sportive, un domaine dans lequel je songe aussi à me spécialiser. Décidément, nous avons des destins croisés. »

Des épaulières au sarrau blanc

Quelques jours à peine après son dernier match, la recrue des Chiefs a repris sa formation en médecine. Laurent a quitté son appartement à Kansas City le 29 décembre et, dès le 4 janvier, il revêtait son sarrau blanc d'externe. Il lui semblait entendre encore les clameurs des soixante-seize mille spectateurs du stade Arrowhead quand il s'est présenté à son stage en médecine d'urgence à l'hôpital général de Montréal.

Laurent le reconnaît d'emblée : son plus grand défi consiste à se mettre en mode étudiant une fois la saison terminée. « Au dernier dimanche du calendrier, tu es sur un terrain de football devant des dizaines de milliers de spectateurs, malgré le froid. Tu cherches des moyens de gagner, en équipe. C'est tout ce que tu as en tête. Rien d'autre n'existe. Puis, en une semaine, on peut dire du jour au lendemain, tout change. Tu passes d'un environnement où tout est orienté vers toi, où tu es sous tous les projecteurs, à un milieu complètement aux antipodes. L'attention est désormais portée sur le patient. Toute ton énergie va à comprendre sa maladie, à l'aider à la vaincre, à soulager sa détresse. Et en tant qu'externe, tu te retrouves au bas de l'échelle. Il faut beaucoup d'humilité, mais j'adore la médecine et ça me passionne. »

Oui, les stages en hôpitaux sont exigeants et les horaires sont difficiles. Mais les plus grands défis, pour lui, demeurent la dimension psychologique et l'interaction avec les malades.

Quand on lui demande comment il peut concilier deux carrières aussi prenantes, il répond que ces deux passions se nourrissent mutuellement. « Le football fera de moi un meilleur médecin. Un meilleur humain aussi. Et la médecine fait de moi un meilleur footballeur. » Dans les deux cas, en somme, il s'agit d'apporter sa contribution et de bien jouer son rôle au sein d'une équipe multidisciplinaire.

Dans ses conférences, le colosse répète souvent que le football constitue une superbe école de vie. « On y apprend la force du travail d'équipe, on y apprend à gagner et on y apprend à perdre aussi. Très tôt en médecine, on nous enseigne l'importance du travail d'équipe. Mais on ne nous apprend pas vraiment à "perdre". La première fois que j'ai prodigué, sans succès, des manœuvres de réanimation cardiaque à un patient, avec le soutien du personnel d'urgence, je crois que j'étais mieux préparé que les autres externes à accepter cette "défaite". Le football m'a aidé à comprendre que, parfois, on fait tout ce qu'il y a d'humainement possible et que, malgré tout, le résultat n'est pas celui que l'on espérait. Le sport m'a rendu plus résilient. »

En un mot, précise-t-il, cette double vie lui permet de relativiser les choses et de trouver l'équilibre qu'il cherche tant. Quelques semaines avant son stage, son principal souci était d'éviter un plaqué du quart-arrière. Quelques jours plus tard, il se retrouve à soigner un homme qui lutte pour sa vie après une agression armée. « Disons que ça remet les choses en perspective. J'ai beau me donner à fond dans ma carrière de footballeur, quand je me trouve devant un malade, dans un hôpital, je réalise alors que le football n'est avant tout qu'un jeu. Et combien aussi je suis privilégié de pouvoir m'y adonner. »

« Docteur, un autographe ? »

À la fois en raison de son parcours remarquable et de sa personnalité charmante, Laurent jouit d'une belle visibilité dans les médias québécois. Sa popularité transcende l'univers des chaînes de télé sportives. On l'a vu à *Tout le monde en parle*, à *En mode Salvail* et dans de nombreuses autres émissions diffusées à heure de grande écoute. Aux États-Unis, le célèbre animateur de talk-show de fin de soirée, Jimmy Fallon, s'est gentiment moqué de son nom composé.

Sa notoriété fait en sorte qu'il se produit parfois des scènes assez surréalistes à l'hôpital. Alors qu'il travaillait à l'urgence d'un grand hôpital montréalais, un policier blessé à la main s'est présenté avec un de ses collègues. Les deux hommes étaient des amateurs de football américain et ont aussitôt reconnu le joueur des Chiefs. Comme la blessure nécessitait quelques points de suture, le policier a fait remarquer à Laurent, non sans fierté, que ces points seraient en quelque sorte un « autographe » indélébile de son idole…

Lors d'un autre stage, un patient à la veille de subir une importante intervention chirurgicale a demandé à Laurent d'être pris en photo avec lui. L'externe s'est prêté à l'exercice avec plaisir, bien qu'il se soit senti un peu mal à l'aise devant le reste du personnel médical.

Chose certaine, Laurent va malgré tout continuer d'être présent dans les médias et de répondre à la plupart de leurs demandes. « À mes yeux, c'est la façon, pour un athlète professionnel, de remercier le public. C'est en quelque sorte une responsabilité. »

Il ne faut pas s'y tromper : jouer dans la NFL et étudier en médecine demandent des efforts de concentration constants. Il faut savoir « compartimenter ». LDT appartient à cette minorité de gens capables de se donner à fond et de rester dans leur bulle quand ils se consacrent à une activité. « Lorsque je suis plongé dans mes livres, je ne pense à rien d'autre. Et quand je me retrouve sur un terrain de football, je suis totalement là, extrêmement concentré. On n'a pas à me convaincre de vivre le moment présent. C'est ce que je fais naturellement. »

L'éléphant dans la pièce

Lorsqu'il rencontre des gens, amateurs de football ou non, le sujet des commotions cérébrales est nécessairement abordé. C'est l'éléphant dans la pièce. Comment un jeune homme qui poursuit une formation en médecine peut-il s'adonner à un sport aussi dangereux? Il lui est difficile d'éviter le sujet, particulièrement quand il se pointe dans les médias, ce qui lui arrive de plus en plus souvent. Le film *Concussion* (*Commotion*), sorti à la fin de l'année 2015, a ravivé l'attention d'un large public sur ce phénomène. Inspiré d'un fait réel, ce film retrace l'histoire du Dr Bennet Omalu (interprété par Will Smith), un neuropathologiste d'origine nigériane qui, en 2002, a pratiqué une autopsie sur Mike Webster, un ancien joueur de centre vedette des Steelers de Pittsburgh, mort à cinquante ans, ruiné et atteint de démence. Le Dr Omalu a statué qu'il s'agissait clairement d'un cas d'encéphalopathie traumatique chronique (ETC), une affection liée aux multiples commotions cérébrales qu'il fut, selon les dires, le premier à définir, même si d'autres scientifiques contestent cette affirmation. Le Dr Omalu a estimé que Webster avait subi au cours de sa carrière plus de soixante-dix mille coups à la tête et a conclu que c'était la pratique du football qui avait provoqué cette maladie, chez lui comme chez beaucoup d'autres. L'ETC est associée à la démence précoce, à la dépression et au suicide. Une réplique du film a marqué l'imaginaire de bien des cinéphiles : « Si seulement dix pour cent des mères des familles américaines jugent le football trop dangereux et interdisent à leur enfant de s'y adonner, la NFL est finie. »

Diverses publications mettent régulièrement en lumière le phénomène. En avril 2016, une étude présentée au congrès de l'American Academy of Neurology a révélé que quarante-trois pour cent des retraités de la NFL montrent des signes de commotion cérébrale. La recherche a été menée par des chercheurs de l'Université d'État de Floride auprès de quarante anciens joueurs âgés de vingt-sept à cinquante-six ans, précise une dépêche de l'Agence France-Presse. Ces derniers estimaient avoir subi en moyenne huit commotions cérébrales. L'imagerie en tenseur de diffusion, une technique de tomographie à résonance magnétique, a permis de constater des dommages chez dix-sept de ces joueurs. Lors des exercices, quarante-cinq pour cent ont montré des problèmes d'apprentissage et de mémorisation et quarante-deux pour cent ont des capacités de concentration limitées.

À titre de futur médecin et de joueur actif dans la NFL, Laurent fait bien sûr partie de ceux qui s'intéressent à cette question. Il aime profondément ce sport, mais reste pleinement conscient des risques qui sont associés à sa pratique.

Lors de la saison régulière de 2015-2016, on a noté une augmentation des commotions cérébrales de cinquante-huit pour cent par rapport à la saison précédente. En tout, cent quatre-vingt-trois commotions ont été rapportées. En tenant compte des séries éliminatoires, le nombre s'élève à deux cent soixante-quinze.

Toutefois, la NFL a fait savoir qu'il y a eu moins de commotions cérébrales en 2016, principalement en raison de l'amélioration du protocole de détection. En cumulant les données de la saison régulière (cent soixante-sept diagnostics de commotion cérébrale) et celles des matchs de séries éliminatoires, les autorités de la Ligue en ont recensé en tout deux cent quarante-quatre.

La NFL a en effet mis en place récemment un protocole rigoureux. On parle fréquemment de ce protocole dans les médias, sans jamais en énumérer les cinq étapes. Les voici :

1) Intervenir : l'équipe médicale est saisie d'une potentielle blessure à la tête par un thérapeute sportif installé sur la galerie de la presse, un joueur, un arbitre ou un entraîneur.

2) Détecter : le joueur blessé est retiré du match et une première évaluation s'effectue sur les lignes de côté. Cette évaluation est réalisée par au moins un des médecins de l'équipe ainsi que par un conseiller en neurotraumatologie indépendant, lequel est facilement identifiable à son chapeau bleu. Ces intervenants peuvent notamment revoir au ralenti le coup à l'origine de la blessure.

3) Décider : si l'équipe médicale et le conseiller en neurotraumatologie ont le moindre doute au sujet d'une possible

commotion cérébrale, le joueur est escorté jusqu'au vestiaire pour un examen approfondi. Il est désormais soumis au protocole de la NFL.

4) Évaluer : loin des clameurs du stade, dans le silence paisible du vestiaire, le personnel médical amorce une évaluation neurologique beaucoup plus détaillée et complète. Le joueur blessé doit alors subir un test visant à mesurer sa mémoire visuelle et sa vitesse de réaction, notamment. Chaque joueur de la NFL a effectué ce test avant le début de la saison, c'est-à-dire avant tout contact, de sorte que les médecins peuvent comparer ses résultats et déterminer presque avec certitude si ses fonctions cérébrales ont été altérées ou pas.

5) Diagnostiquer : selon les résultats du test, d'autres examens physiques ont lieu, puis le médecin de l'équipe et le conseiller en neurotraumatologie doivent se poser l'ultime question : ce joueur souffre-t-il d'une commotion cérébrale ? Si la réponse est oui, l'athlète est retiré du match et demeure dans le vestiaire sous la supervision de l'équipe médicale. Si la réponse est non, le joueur est autorisé à retourner sur les lignes de côté, où il continuera à s'entretenir avec le personnel médical. La décision concernant son retour au jeu revient au médecin de l'équipe et au joueur lui-même.

Ce protocole confirme que le problème des commotions cérébrales, longtemps sous-estimé, est désormais pris au sérieux par les autorités de la Ligue. « Le plus important, c'est le changement de culture que j'ai observé dans le vestiaire. Les joueurs et les entraîneurs sont beaucoup plus éduqués au sujet des symptômes et des répercussions à long terme des commotions. Ce n'est plus un tabou. »

Dans l'excellent portrait que lui a consacré le journaliste de *L'actualité* Jonathan Trudel, en 2014, Laurent a déclaré que, s'il devait subir une commotion cérébrale, il réfléchirait sérieusement à son avenir. « Je peux accepter le fait que, si je joue au football pendant encore cinq ans, j'aurai probablement de la difficulté à marcher à cinquante ans à cause de mes articulations. Mais je suis moins prêt à accepter un trauma à la tête. Détruire quarante ans de carrière en médecine pour évoluer un an de plus dans la NFL ? Ça n'aurait aucun sens. » Certains ne manquent pas de lui rappeler que le jeune secondeur des 49ers de San Francisco, Chris Borland, a pris sa retraite du football à vingt-quatre ans, après avoir joué pendant seulement une saison dans la NFL, sous prétexte qu'il voulait préserver sa santé et qu'il refusait de courir le risque de se blesser.

Or, les amateurs s'en souviennent, Laurent a subi une première commotion cérébrale le 9 janvier 2016, à la toute fin de la saison, dans le match éliminatoire contre les Texans de Houston. Heureusement, il s'agissait d'une commotion légère, dont les effets se sont dissipés en quelques heures. Il a tout de même tenu à faire le point dans la chronique hebdomadaire qu'il signe avec la généreuse collaboration de Christian L.-Dufresne ou de Maxime Desroches sur le site Web du Réseau des sports (RDS) à Montréal :

« […] Étant donné la manière dont ma saison a pris fin, je tiens à vous rassurer : je suis remis de la commotion cérébrale qui m'a empêché de prendre part au match face aux Patriots. C'était la première fois que j'en subissais une et aussi la première fois de ma vie que je ratais un match en raison d'une blessure. Ce fut un dur coup lorsque j'ai appris que je ne pourrais pas jouer notre deuxième match en éliminatoires. Mais la bonne nouvelle, c'est que j'ai maintenant complété le protocole de la NFL en ce qui a trait aux commotions et que j'ai toute la saison morte pour récupérer, que ce soit physiquement, avec l'entraînement sans contact, ou "cognitivement", avec mes études de médecine.

« Dans le feu de l'action, tout ce qui te passe dans la tête, c'est de revenir au jeu. C'est pour cette raison que je salue vraiment le protocole de la NFL. Si cela avait été seulement de moi – et cela même avec mes connaissances en médecine –, je serais revenu au jeu puisque je ne ressentais plus de symptômes. Je voulais jouer, mais le protocole m'en a empêché et, au bout du compte, cela prouve l'importance de son implantation afin de protéger les joueurs. C'est la première fois que je l'expérimentais et j'espère que c'était la dernière fois.

« C'était ma première commotion et j'ai été chanceux qu'elle soit somme toute assez mineure. Jamais je ne banaliserais l'ampleur d'une commotion, mais je dois m'avouer quand même chanceux dans ma malchance d'avoir ressenti des symptômes uniquement durant les premiers jours de ma récupération. On sait que, chez certains joueurs, les symptômes peuvent durer plusieurs semaines, voire des mois. Personnellement, j'aimerais cent fois mieux avoir des blessures musculo-squelettiques que d'avoir une commotion. Un cerveau, nous n'en avons qu'un.

« Lorsque j'ai subi la commotion face aux Texans de Houston, c'était dommage parce que je jouais probablement l'un de mes meilleurs matchs en carrière. J'étais gonflé à bloc et tout se déroulait très bien. Sur un bloc en décro-chage, le secondeur était un peu plus près de moi que je ne le croyais et il m'a frappé la tête avec le côté de ses épau-lières. Après le contact, je me suis senti un peu étourdi sans toutefois perdre connaissance.

« Je suis resté sur le terrain pour la séquence qui s'est termi-née par un placement. Par contre, je m'étais toujours pro-mis que, lorsque j'allais encaisser un bon contact, j'allais me demander si j'étais correct. Quand je me suis posé la question, je n'en étais pas certain.

« En retournant sur les lignes de côté, j'ai moi-même pris les devants pour dire que je ne me sentais pas normal. Automatiquement, le protocole s'est enclenché. On m'a amené à l'intérieur où nos physiothérapeutes, notre mé-decin interne qui gère les commotions et le neurologue indépendant ont procédé à l'évaluation.

« C'est difficile à gérer comme moment pour un joueur. Avec mes études de médecine, je me dis que c'est vraiment la meilleure chose à faire et je ne regrette pas ma décision. Mais c'est beaucoup de pression quand tu es un joueur qui tient à l'équipe et qui est très compétitif. Tu sens que tu laisses tomber tes coéquipiers dans un match des séries éliminatoires dont l'issue est incertaine.

« Le lendemain de notre match, j'ai commencé le proto-cole de la NFL en cinq étapes. Chacune d'entre elles doit être franchie avec une période minimum de vingt-quatre heures sans symptômes. Ça rend les choses difficiles pour revenir la semaine suivant la commotion. Par la suite, il faut avoir le feu vert de la part du médecin de l'équipe et d'un neurologue indépendant.

« Ma situation a évolué au jour le jour et la décision que je ne voyagerais pas avec l'équipe s'est prise vendredi. Ça a été un dur coup.

« Durant la semaine d'entraînement, je croyais que certains joueurs allaient me taquiner avec le fait qu'on m'avait diagnostiqué une commotion. Mais au contraire.

« Plusieurs coéquipiers sont venus s'enquérir de ma condition et me disaient qu'ils savaient ce que je vivais puisque eux aussi en avaient subi une auparavant. Ils me disaient de prendre soin de moi et de prendre mon temps pour revenir. Mon entraîneur, quant à lui, m'a dit que je faisais du bon travail et de ne pas me stresser avec le fait de jouer ou non. Il m'a dit de me reposer.

« J'ai regardé le match à la télévision en compagnie de mon coéquipier et bon ami dans l'équipe Mitch Morse, également tenu à l'écart du jeu en raison d'une blessure. C'était le premier match de la saison de la NFL que je regardais à la télévision cette année. Je n'ai rien contre les analystes à la télévision, mais écouter des commentateurs qui critiquent ton équipe, ça vient te chercher au plus profond de toi-même !

« Mon plus gros stress en regardant la partie, c'était que la ligne offensive, et plus précisément mon remplaçant Jah Reid, fasse bien contre la défense des Pats. […] »

À titre de futur médecin, Laurent demeure bien sûr sensibilisé aux risques considérables de blessure à la tête. Il se réjouit de voir que le sujet mobilise et préoccupe de plus en plus les communautés médicale et sportive. C'est vrai aux États-Unis comme au Québec. En janvier 2014, faut-il le rappeler, le ministère de l'Éducation, du Loisir et du Sport du Québec a créé un groupe de travail sur les commotions cérébrales (GTCC) pour examiner la question. Dave Ellemberg, neuropsychologue clinicien rattaché à l'Université de Montréal, le Dr Pierre Frémont, spécialiste en médecine de sport de l'Université Laval, et l'ancien joueur des Alouettes Matthieu Proulx, avocat et analyste sportif, faisaient partie du comité.

Dans son rapport, le GTCC précise que «la commotion cérébrale [...] correspond à un traumatisme crânien léger» et que «les séquelles occasionnées par une commotion cérébrale liée au sport sont comparables à celles causées par un traumatisme crânien léger lié à un accident de la route[5]». Dans les deux cas, elles peuvent se traduire par des déficits de la mémoire, de l'attention et des capacités mentales supérieures. La commotion, rappellent les auteurs, se produit quand une force externe induit un mouvement rapide de la tête qui fait en sorte que le cerveau se heurte contre la boîte crânienne. Les techniques d'imagerie ont démontré qu'une commotion cérébrale cause des micro-déchirures des fibres reliant différentes régions du cerveau ainsi qu'un déséquilibre chimique. «À la suite d'une commotion cérébrale, le cerveau subit aussi une baisse importante d'oxygène et de glucose, son principal carburant. C'est pour permettre au cerveau de retrouver son équilibre qu'une période de repos complet est essentielle[6]», précisent

---

5. Gouvernement du Québec, *Rapport du Groupe de travail sur les commotions cérébrales qui surviennent dans le cadre de la pratique d'activités récréatives et sportives*, Québec, mars 2015, p. 10.
6. Gouvernement du Québec, *op. cit.*, p. P6.

les experts. Un athlète qui ne serait pas entièrement remis est de trois à cinq fois plus susceptible d'être victime d'une nouvelle commotion. C'est l'une des raisons pour lesquelles le GTCC propose, dans son rapport, un rigoureux protocole après un diagnostic de commotion.

Laurent Duvernay-Tardif connaît l'importance de la question. Mais, justement, c'est aussi en tant qu'étudiant en médecine qu'il reconnaît et apprécie les efforts réels de la Ligue pour contrer ce type de problème.

Signe qu'elle admet sa responsabilité, la NFL a également adopté un plan en vertu duquel elle versera environ un milliard de dollars en compensation à d'anciens joueurs aux prises avec des problèmes cognitifs ou neurologiques attribuables à la pratique du football. L'entente touchera plus de vingt mille athlètes au cours des soixante-cinq prochaines années.

Ce serait faire l'autruche que de nier les dangers de blessures au football, à la tête ou ailleurs. C'est un sport de contact, parfois violent. «Les risques de blessure au cours d'une carrière sont de cent pour cent, quiconque a déjà enfilé un équipement de football le sait pertinemment», résume Matthieu Quiviger.

Cela dit, Laurent Duvernay-Tardif insiste: la sédentarité fait davantage de ravages.

«Il est indéniable que bien des sports d'équipe, dont le soccer, le football, le hockey et même le *cheerleading,* comportent des risques de commotion cérébrale. À mon humble avis, la sédentarité est un fléau encore plus grave chez les jeunes. Jamais je ne banaliserai les risques de commotion, soyons clairs. Je crois quand même que de se priver de faire du sport pour cette raison, c'est s'exposer à des maladies cardiovasculaires, à l'hypertension, à la dépression, à l'obésité, entre autres. Quand on met les risques d'un côté de la balance et les bienfaits de l'autre, il va de soi que la pratique d'une activité physique l'emporte. Le sport d'équipe aide au développement psychosocial des jeunes. Ça leur apprend à perdre, à gagner. Se priver de tout ça par peur de blessures ? Non ! »

D'autres sports comportent aussi des risques, comme le rappelait récemment le journaliste Martin Leclerc[7], citant une étude menée par la NCAA (l'organisme qui régit le sport universitaire américain) et le Département de la Défense des États-Unis. Un consortium de cent chercheurs de partout aux États-Unis (*Concussion Assessment Research and Education,* ou *CARE*) a enregistré des données durant cinq années auprès de seize mille athlètes universitaires américains. Certaines conclusions sont renversantes et balaient bien des préjugés. On y apprend que le hockey – féminin et masculin – et la lutte olympique comportent davantage de risques de blessure cérébrale que le football. Ainsi, on a recensé 6,7 commotions par 10 000 expositions au football (une exposition correspond à une séance d'entraînement ou à un match), contre 7,5 au hockey féminin (sans contact) et 7,9 au hockey masculin. Il était

---

7. Martin Leclerc, *Commotions cérébrales : le hockey sans mises en échec serait presque aussi risqué !*, [En ligne], 11 janvier 2016. [ici.radio-canada] (Consulté le 15 février 2017).

question ici de sport universitaire. Imaginons le hockey de la Ligue nationale!

En septembre 2016, la NFL a indiqué qu'elle allait dépenser cent millions de dollars pour aider au développement de nouvelles technologies et financer la recherche médicale liée aux commotions cérébrales. Cette somme s'ajoute aux cent autres millions de dollars annoncés plus tôt. On consacrera aussi soixante millions au développement d'autres technologies. La NFL promet d'être transparente. Le public et les joueurs sont plus conscientisés et n'en exigent pas moins. Des règlements ont été modifiés, notamment pour éviter des collisions dangereuses sur les retours de bottés. La NFL demeure le circuit sportif de loin le plus populaire aux États-Unis et personne n'a intérêt à voir le spectacle perdre de son attrait parce que les joueurs – y compris les vedettes – se blessent. Pour donner une idée de grandeur, rappelons que la NFL génère des droits de télévision nationaux de plus de sept milliards de dollars américains par année, selon des chiffres du magazine *Forbes*. C'est quatre fois plus que le baseball, pourtant le sport national des Américains.

Si l'on admet que la NFL a longtemps fermé les yeux sur les faits, tout comme les fabricants de tabac ont feint d'ignorer le lien entre le tabagisme et le cancer du poumon, on doit aussi convenir que les choses s'améliorent.

Pour en finir avec ce sujet incontournable, LDT souligne qu'il a connu le football sur le tard, soit à l'adolescence, et s'est évité du fait bien des coups à la tête. Par ailleurs, les carrières dans la NFL sont généralement courtes. En moyenne, elles durent un peu moins de quatre ans.

Grâce à une entente avec i1 Biometrics, une petite entreprise novatrice aux États-Unis, le garde des Chiefs bénéficie d'une plateforme technologique qui mesure l'intensité de tous les coups qu'il reçoit et les enregistre, de manière à déceler les commotions.

Le plaisir inégalable de la camaraderie

À l'heure du bilan de sa première saison, Laurent n'a retenu que du positif. En prenant du recul, il a constaté le progrès fulgurant de sa carrière : fin octobre 2013, il jouait son dernier match avec les Redmen et, dès septembre 2015, il avait atteint le statut de joueur partant dans la NFL. Le mot qui lui vient pour résumer cette expérience ? « Plaisir. Plaisir de gagner devant une foule délirante de plus de soixante-quinze mille personnes – soit trois fois et demie celle déjà impressionnante du centre Bell, imaginez ! Plaisir de côtoyer jour après jour mes coéquipiers. Plaisir de la camaraderie. »

Le garde à droite des Chiefs dit avoir découvert, en accédant à la NFL, ce que signifie réellement l'esprit de corps. « Personne n'a idée à quel point l'équipe est unie, insiste-t-il. La diversité ethnique et culturelle d'un vestiaire de football est une richesse, un modèle d'unité et de camaraderie. C'est un microcosme de la société : Blancs et Afro-Américains, chrétiens, juifs ou musulmans, vétérans avec plusieurs millions en banque ou recrues fraîchement sorties des universités, nous travaillons tous ensemble, en harmonie, dans un seul but : gagner. »

Quand il est débarqué à Kansas City, dans le Missouri, en août 2014, les malheureux événements de Ferguson faisaient la une des journaux et les manchettes des bulletins télévisés. La petite ville alors à feu et à sang est située dans le même État, à moins de trois heures de route. Tous se souviennent de ce jeune homme noir, Michael Brown, tombé sous les balles d'un policier blanc, et des manifestations violentes qui ont suivi. Dans le vestiaire, il n'y avait pratiquement aucune tension. Tout le monde se donne corps et âme pour l'équipe. Il n'y a rien d'autre qui compte. L'entraîneur Andy Reid veille à ce qu'on garde le cap sur la victoire.

Les Afro-Américains représentent plus de soixante-cinq pour cent des joueurs du circuit. En septembre 2016, le quart-arrière des 49ers de San Francisco, Colin Kaepernick, a posé le genou au sol durant l'hymne national américain en guise de protestation contre les actes de violence policière commis à l'endroit des Noirs.

L'extraterrestre venu du Canada

À sa première année, Laurent était perçu comme un objet de curiosité, en raison du fait qu'il était d'origine québécoise, que le français était sa langue première et que, de surcroît, il étudiait en médecine. Il était parfois la cible de taquineries. « Jamais rien de méchant », précise-t-il. Certains joueurs des Chiefs connaissaient l'Université McGill et son *alma mater* jouissait d'une excellente réputation, y compris aux États-Unis. En revanche, des coéquipiers étaient incapables de situer le Québec ou même Montréal sur une carte géographique.

Il s'est vite fait des amis. On l'appelait tantôt « Canadian Brother », tantôt « Frenchie », tantôt « Larry », tantôt « Doctor ». Il ne manquait pas de surnoms. Et, avec le temps, il a tellement vanté les vertus de Montréal qu'un de ses partenaires sur la ligne offensive, Mitchell Schwartz, a profité de la semaine de repos pour venir au Québec.

Laurent a eu des hauts et des bas au cours de cette première saison, comme tout athlète professionnel. Il n'a toutefois connu qu'une seule contre-performance majeure, et c'était à Green Bay, contre les Packers, au mythique Lambeau

Field, un lundi soir, son troisième match à titre de partant. Ce soir-là, il a fait un pas en arrière, comme il dit. La partie était présentée à la télévision nationale américaine à l'occasion du célèbre *Monday Night Football,* un rendez-vous sacré pour des millions d'Américains. Ses coéquipiers de la ligne offensive et lui ont été incapables de bien protéger leur quart-arrière, Alex Smith. Il a commis quelques grosses erreurs et il n'en menait pas large après le match.

Le mercredi suivant, alors qu'il regardait des vidéos dans la salle réservée à cet effet et qu'il se préparait à l'entraînement, Andy Heck est venu lui annoncer qu'il ne serait pas le garde à droite partant lors du prochain match contre les Bengals de Cincinnati. Il a encaissé durement la nouvelle, bien évidemment. Il avait travaillé avec tant d'ardeur pour obtenir ce poste sur la première unité. S'il fallait que tout s'arrête après trois matchs…

Heureusement, Heck est prodigieusement doué quand vient le temps de motiver un joueur. Il s'est empressé de lui livrer une série de commentaires constructifs, en insistant sur ses belles réussites des trois premières parties.

« Personne n'a autant d'intensité que toi sur cette ligne », lui a-t-il dit. Laurent devait canaliser cette énergie et améliorer sa technique. « Tu fais d'excellents jeux, a poursuivi Heck. Mais quand tu en rates un, tu ne le rates pas à moitié ! » C'est à ce moment précis que Laurent a compris que la qualité première d'un joueur de ligne doit être la constance. Son style très agressif faisait en sorte qu'il ne maîtrisait pas toujours la situation et commettait du fait trop d'erreurs.

En clair, on lui a fait comprendre que ce retrait de la formation faisait partie de son cheminement, qu'il devait se retrousser les manches et se battre pour regagner son poste. C'est exactement ce à quoi il s'est attelé et il en est aujourd'hui extrêmement fier. «Il faut surmonter des petites épreuves du genre pour avancer, quoi que l'on fasse dans la vie», reconnaît-il.

Ce «pas en arrière» illustre à merveille la nature impitoyablement compétitive de la NFL. Laurent ne faisait pas tout à fait le travail et voilà que quelqu'un s'amène, du jour au lendemain, pour le remplacer. C'est du *business,* faut-il le rappeler. Bien des personnes au sein de l'organisation veillent à garder les meilleurs pions sur l'échiquier, chaque dimanche. «Quand je me suis fait rétrograder, j'ai sincèrement cru que j'allais perdre mon poste et me faire retrancher, surtout après un long entretien avec Heck au cours duquel il m'a fait part de tous les aspects que je devais améliorer avant de revoir le terrain. Lorsque j'ai obtenu ma deuxième chance, il m'a dit : "Les deuxièmes chances sont rares." J'avais compris le message», se souvient-il.

LDT en a profité pour effectuer un retour aux sources. Avec ardeur, voire avec zèle, il a revu les concepts et étudié de nouveau le livre de jeux. Il a utilisé les lundis de congé pour travailler son jeu de pieds et corriger ses lacunes. Il pouvait le faire dans un contexte moins stressant. Quand il était partant, une grande part de son énergie était consacrée à l'étude de l'adversaire, ce qui réduisait le temps passé à améliorer sa technique. «Ces trois semaines à l'écart m'ont permis de me concentrer davantage sur mon jeu, mes forces et mes lacunes. Lorsque j'ai rendossé l'uniforme, j'avais pris de la maturité et j'avais gagné en confiance. »

Trois semaines plus tard, l'athlète québécois retrouvait son poste de garde à droite partant, devant ses partisans, au stade Arrowhead. Les Chiefs ont battu les Steelers de Pittsburgh par la marque de 23 à 13. Ils mettaient ainsi fin à une série de défaites et entreprenaient une longue succession de victoires. Aux journalistes québécois venus à sa rencontre, Laurent a affirmé qu'il venait de livrer la performance de sa vie. Il s'en réjouissait d'autant plus que plusieurs de ses amis avaient fait le voyage à Kansas City pour assister au match.

Capitaine, ô capitaine !

Quelques semaines plus tard, le 22 novembre, il a eu droit à un honneur qu'il n'est pas près d'oublier, à l'occasion d'un match à San Diego contre les Chargers. Ceux qui connaissent moins le football doivent savoir que, chaque semaine, l'entraîneur-chef choisit un capitaine offensif, un capitaine défensif et un capitaine des unités spéciales. Le mercredi précédant le match, après la séance d'entraînement, Andy Reid a annoncé ses choix, le sourire aux lèvres : « Capitaine offensif : Frenchie. » Bien sûr, le rôle des trois capitaines d'un jour demeure plutôt limité. *Grosso modo,* il s'agit de se rendre au milieu du terrain, tout juste avant le commencement de la partie, pour procéder au tirage au sort – pile ou face – en compagnie des arbitres afin de déterminer l'équipe qui fera le botté d'envoi et celle qui le recevra. Ce rôle a tout de même une charge symbolique importante, dans la mesure où c'est une façon, pour l'entraîneur, de témoigner sa reconnaissance envers un joueur. C'est ainsi que Laurent l'a interprété et ça lui a donné des ailes pour le match. En fait, toute l'équipe avait le diable au corps, puisque les Chiefs ont écrasé les Chargers par la marque de 33 à 3.

Mieux encore : les Chiefs ont été invincibles jusqu'à la fin de la saison 2015-2016, malgré les blessures chez des joueurs clés. Après des débuts très difficiles – l'équipe présentait une fiche de une victoire et de cinq défaites après six semaines –, la troupe que dirige Andy Reid a remporté dix matchs consécutifs et s'assurait ainsi d'une participation aux éliminatoires.

Dès sa deuxième saison chez les professionnels, Laurent allait donc avoir l'occasion de vivre de l'intérieur la fièvre des séries. La ville de Kansas City est littéralement devenue « rouge Chiefs » à la suite de la qualification de son équipe bien-aimée. Quelques semaines plus tôt, les Royals, club local dans la Ligue majeure de baseball, remportaient la Série mondiale. Les partisans, encore enivrés et gonflés d'orgueil par ce championnat, priaient pour que les Chiefs raflent à leur tour tous les honneurs. Ceux qui pensent que la « fièvre des séries » s'empare de Montréal quand les Canadiens se qualifient pour les éliminatoires n'ont rien vu. À Kansas City, l'engouement est tel que même les gens d'affaires troquent leur veston pour le chandail rouge des Chiefs. Ils le font même le vendredi précédant un match local du calendrier régulier. « Kansas City, rappelle Laurent, a beau posséder l'un des plus gros stades de la NFL, il reste que c'est l'une des plus petites villes du circuit. Quand une partie a lieu au stade Arrowhead, tous les hôtels et tous les restaurants de la ville affichent complet. »

C'est pendant le premier match éliminatoire, celui que les Chiefs ont remporté haut la main contre les Texans de

Houston, que le garde a subi une blessure, l'obligeant à regarder à la télévision, la semaine suivante, la défaite de son équipe contre les Patriots de la Nouvelle-Angleterre.

Une remontée mémorable

Le match inaugural de la saison 2016-2017, à Kansas City, contre les Chargers de San Diego, restera gravé dans la mémoire de l'athlète. Ce sera un mélange de très heureux et de très douloureux souvenirs. Chose certaine, quand Laurent traite de « force mentale » et de résilience dans ses conférences, il fait désormais allusion à ce match. Les Chiefs avaient connu une première demie catastrophique. « Nous avions beau être gonflés d'adrénaline, l'exécution était défaillante et la technique n'y était pas », se souvient le garde.

La défensive de Kansas City se faisait humilier par Philip Rivers, le quart-arrière adverse, et ses receveurs de passes ne cessaient de creuser l'écart. Quant à Laurent, disons qu'il n'était pas au sommet de sa forme pendant les deux premiers quarts, pas plus que ses collègues de la ligne offensive. À la mi-temps, l'équipe tirait de l'arrière par la marque de 21 à 3. « C'est à partir de ce moment que j'ai pu apprécier tout le talent de nos entraîneurs. Andy Reid, riche de ses vingt ans d'expérience, affichait un grand calme et se faisait rassurant. Il a simplement fait quelques mises au point. »

D'ailleurs, Laurent ne rate jamais une occasion de vanter les mérites d'Andy Reid. Cet entraîneur réputé est dans la Ligue depuis longtemps, ayant dirigé les Eagles de Philadelphie de 1999 à 2012. «Je comprends maintenant pourquoi il est à ce point respecté dans le circuit. C'est un véritable gentleman, un pédagogue, un communicateur. Il est à mille lieues du coach vindicatif qui engueule ou humilie ses joueurs. Calme en toutes circonstances, il mise plutôt sur le dialogue et je ne l'ai jamais entendu lever la voix contre un joueur en particulier. S'il hausse le ton, c'est toujours en s'adressant à l'ensemble de l'équipe, dans une visée constructive.»

Reid est aussi un travailleur infatigable. Tous les instructeurs, lui y compris, arrivent au centre d'entraînement vers six heures et en ressortent fréquemment autour de minuit, quand ils ne couchent pas tout simplement là. On vante souvent ses qualités de tacticien du football, avec raison, mais on n'insiste pas assez sur son côté humain. Un exemple? Dans l'avion, au retour d'un match disputé à l'étranger, il discute avec chaque joueur, quel que soit le résultat de la partie. En janvier, lors de sa dernière rencontre individuelle avec Laurent, après l'élimination de l'équipe, il a pris le temps de s'informer sur ses études de médecine et de lui souhaiter du succès.

Revenons au match inaugural. Tranquillement, en deuxième demie, les Chiefs ont remonté la pente. Le vent a tourné en leur faveur. C'est un phénomène intangible, difficile à expliquer. «Même quand nous accusions un retard de dix-sept points, au dernier quart, nous étions persuadés de remporter ce match. Et les joueurs des Chargers, de leur côté, savaient qu'ils allaient perdre, comme si c'était écrit dans le ciel.»

Et de fait, les Chiefs ont nivelé la marque et forcé la pro-longation. Dès qu'ils ont obtenu le ballon, ils ont traversé le terrain, par un beau mélange de courses et de passes, jusqu'à atteindre la ligne de deux verges. Quand la confiance revient, tout est possible.

Quelques secondes à peine avant que le ballon soit mis en jeu, le quart-arrière, Alex Smith, a remplacé le jeu de passe prévu par une course du côté droit. Cela signifiait que Laurent aurait à effectuer un bloc décisif. Tout a fonctionné à merveille. Alex Smith a choisi de garder le ballon, son garde à droite lui a ouvert le chemin et il a franchi la ligne des buts, marquant le touché victorieux. La foule était en délire, et pour cause : son équipe venait d'accomplir une remontée spectaculaire. Pointage final : 33 à 27.

Le lendemain, une autre belle surprise attendait le numéro 76. Le quotidien américain *USA Today* proclamait Laurent « héros obscur » de la première semaine de la NFL. Le journal inaugurait du même coup une nouvelle rubrique hebdomadaire destinée à honorer un joueur de ligne offensive s'étant illustré. C'était une excellente initiative, dans la mesure où l'on reconnaît rarement le rôle majeur de ces travailleurs de l'ombre. Sur le plan personnel, cet honneur a permis à LDT d'être davantage connu et reconnu dans l'ensemble des États-Unis.

Les héros de l'ombre de la ligne offensive

Les journalistes applaudissent si peu le travail des joueurs de ligne offensive que, lorsque cela se produit, ces masto-dontes dont on ne parle jamais se plaisent à réclamer une «amende» à celui d'entre eux qui se retrouve soudaine-ment sous les projecteurs médiatiques. En d'autres mots, celui qui fait la une d'un journal ou qui participe à une émission de télévision à une heure de grande écoute, par exemple, doit verser de l'argent à ses coéquipiers. C'est un jeu, un signe de camaraderie pour ces grands enfants qui, faut-il le préciser, gagnent tous de bons revenus.

Ainsi, quand Laurent a eu le privilège d'être l'un des invités de Guy A. Lepage à *Tout le monde en parle,* en octobre 2014, il a dû en quelque sorte en payer le prix. Un de ses cama-rades a appris l'heureuse nouvelle en bourlinguant sur les réseaux sociaux. «Plus d'un million de cotes d'écoute? Une émission internationale? Ça va te coûter cher, Larry!» Pas question pour le garde de dévoiler la somme qu'il a dû dé-bourser. Ce qui se passe dans le vestiaire doit rester dans le vestiaire. Ç'est un principe sacré dans un sport d'équipe et Laurent n'a surtout pas envie de le transgresser.

Il ajoute tout de même une information importante, qu'il est en droit de révéler : l'argent ainsi recueilli est remis à des organismes humanitaires, dont un venant en aide aux enfants atteints de trisomie 21.

On lui a fait le même coup quand une journaliste de *La Presse* est venue l'interviewer dans le vestiaire, à Kansas City. Des coéquipiers, placés derrière la reportrice, dessinaient, dans l'air, des signes de dollar avec leur index, façon de dire que cette visibilité dans un grand quotidien allait lui coûter cher.

Inutile de préciser que cette règle ne s'applique pas aux joueurs vedettes – principalement aux quarts-arrières, aux porteurs de ballon et aux receveurs de passes – qui, eux, font régulièrement la une des journaux. Ils seraient vite ruinés ! À Kansas City, le receveur de passes Travis Kelce, le numéro 87, qui habite le même immeuble que Laurent, jouit d'une telle popularité qu'il a désormais sa propre émission de téléréalité. Jamais un joueur de ligne offensive ne disposerait d'une pareille vitrine.

Certaines traditions du football relèvent tout simplement du mythe. C'est le cas de l'initiation des recrues. Aucune histoire d'horreur chez les Chiefs. Laurent a été convié à un repas avec les joueurs de la ligne offensive et quelques autres coéquipiers. Selon la coutume, il devait régler l'addition, et les vétérans s'en donnaient à cœur joie : assiettes de fruits de mer à cent cinquante dollars l'unité, filets mignons, grands crus. Tout au long de cette soirée d'initiation, LDT voyait avec frayeur la facture grimper. Heureusement, c'est le quart-arrière, Alex Smith, qui a réglé l'addition. «Ça montre à quel point Alex prend soin de sa ligne offensive. C'est un quart d'expérience qui sait rassembler les troupes. Il valorise beaucoup notre travail», insiste Laurent.

Être athlète professionnel
à l'ère des médias sociaux

Tant les médias de Kansas City que la presse nationale réservent à Laurent un traitement très généreux. Il a fait l'objet de plusieurs reportages télévisés, sur des réseaux nationaux, à heure de grande écoute. Il sait pertinemment que c'est surtout son cheminement original qui suscite de l'intérêt. Il en va ainsi au Québec, où il a bonne presse.

Mais nous sommes à l'ère des médias sociaux et, dans cet univers, tout le monde jouit d'une tribune. Ses amis en profitent pour lui offrir leur soutien. Souvent, aussi, de jeunes joueurs de football québécois lui écrivent pour le féliciter ou encore pour lui demander conseil. Il trouve toujours du temps pour leur répondre. Ces réseaux permettent d'entretenir une relation de proximité avec les amateurs, sans le filtre des médias traditionnels. Il n'y a plus de mur.

Le côté plus sombre des réseaux sociaux, par contre, est de donner un canal direct à ceux qui ont des critiques pas nécessairement constructives à formuler. Le flot ininterrompu d'informations et de commentaires se transforme souvent en fleuve boueux. Ainsi, sur Twitter, quand il commet une erreur ou ne joue pas son meilleur match, Laurent a parfois droit à des remarques fielleuses. Certaines sont carrément racistes : « Retourne au Canada, Frenchie », lui a-t-on déjà écrit. Il faut savoir qu'il y a des centaines de joueurs universitaires américains qui rêvent d'obtenir un poste de partant dans une équipe de la NFL. Certains, « une infime minorité », précise-t-il, acceptent mal qu'un Québécois de Mont-Saint-Hilaire occupe la place qui revient à leurs yeux à un Américain. Tous les joueurs de la NFL et tous les sportifs professionnels sont confrontés à cette réalité assez récente qui entoure les réseaux sociaux. Tous doivent composer avec cette minorité de personnes haineuses qui y sévissent. « Et, selon les statistiques, c'est encore plus alarmant pour les femmes athlètes », souligne Laurent. C'est vrai pour les athlètes mais aussi pour les politiciens, les artistes et autres personnes publiques.

Laurent a appris à vivre dans cette ère, comme tous ceux dans la vingtaine, et en tire le meilleur parti possible. Twitter lui permet de garder le contact avec ses fans et d'être informé des dernières nouvelles dans la NFL. « Je ne m'en passerais pas. Je suis de cette génération qui a grandi avec la nouvelle technologie », dit-il.

Les commentaires désobligeants ne l'atteignent généralement pas. Durant la deuxième saison, il y a eu toutefois un blogueur, à Kansas City, dont les critiques parvenaient parfois à l'ébranler. En fait, l'auteur de ce blogue s'acharnait à le démolir. Il décortiquait chacun de ses jeux à partir de bandes vidéo, en s'attardant bien sûr sur ses erreurs et en omettant, preuve de sa mauvaise foi, ses meilleurs coups.

Le 26 août 2016, il a cependant publié un billet élogieux, que Laurent a lu attentivement. Le titre: « *Dear Chiefs G Laurent Duvernay-Tardif: I was wrong for doubting you.* » (Cher Laurent Duvernay-Tardif: j'ai eu tort de douter de vous.) Dans un long texte, cet expert en football s'excusait avec une humilité que l'on voit rarement dans les médias. J'avais tout faux, écrivait-il en substance, s'inclinant devant la vérité incontestable des statistiques extrêmement positives de Laurent. Il terminait en le priant « d'accepter ses excuses publiques ». Douce vengeance! « Je ne cacherai pas que ce texte m'a fait un petit velours. »

Tout ça s'inscrit dans le contexte d'une ardente ferveur. Il faut venir à Kansas City – ou dans une autre grande ville de la NFL – pour comprendre l'engouement que suscite le football aux États-Unis. Dans le stationnement du stade Arrowhead, les jours de matchs, des milliers de partisans se réunissent dès sept heures le matin pour participer au *tailgate party,* la fête d'avant-match. C'est le festival des grillades, de la bière et de la friture, de quoi faire faire une syncope aux apôtres de la bonne alimentation. Certains n'assisteront même pas au match et se contenteront de le regarder à la télé, depuis le stationnement du stade, tout en entendant la rumeur de la foule à quelques mètres de là.

D'autres entreront dans l'enceinte tellement éméchés qu'ils rateront peut-être quelques bouts de la partie. Choc garanti pour les non-initiés! Il y a des voitures, des auto-caravanes et des minibus peints aux couleurs des Chiefs à perte de vue dans le stationnement. Certains ont des téléviseurs HD, des haut-parleurs qui crachent de la musique rock et des barbecues sur lesquels s'empilent les grillades.

Chaque match, même les deux préparatoires, se transforme en une gigantesque fête. À bien y penser, cela se comprend aisément. Le calendrier d'une saison dans la NFL ne prévoit après tout que huit rencontres à domicile. Rien à voir avec le baseball (cent soixante-deux matchs, dont quatre-vingt-un à domicile) ni avec le hockey (quatre-vingt-deux matchs, dont quarante et un à domicile).

Au lendemain de cette victoire extraordinaire contre San Diego, Laurent a eu chaud au cœur en lisant les propos tenus à son endroit par le quart-arrière Alex Smith. « Quand il est arrivé dans la NFL, il avait encore beaucoup à apprendre sur ce sport, notamment sur la vitesse et les concepts. Maintenant, on peut voir qu'il est confiant. Il est rapide. C'est ce que tu veux d'un joueur de ligne offensive. Il sait qu'il peut jouer et faire des blocs importants tout en étant dominant. C'est exactement ce qu'il fait en ce moment. »

Coach Reid, généralement avare de compliments, a renchéri : « Il faut se rappeler que Laurent a fait ses classes à McGill. C'est une excellente institution, mais le calibre ne se compare pas à celui des États-Unis. Il a dû s'adapter à la vitesse et au gabarit des joueurs de la NFL. Il a un talent brut et est devenu un assez bon joueur. »

Ce moment de grâce a toutefois été considérablement terni, car Laurent s'est blessé sur la dernière séquence, si spectaculaire fût-elle. Diagnostic : entorse à la cheville droite. Il a éprouvé une vive douleur sitôt la séquence terminée et a été incapable de se relever pour aller rejoindre ses coéquipiers. Ce sont les clameurs de la foule qui lui ont fait prendre conscience que son équipe venait de remporter ce match de fous.

Il avait eu le privilège d'être épargné par les blessures depuis le début de sa carrière – exception faite de sa commotion. Pour la première fois, il allait devoir rater un match, peut-être davantage. Son cas serait examiné quotidiennement. Il a éprouvé une certaine angoisse, il doit l'avouer. On l'oublie trop souvent, à tout moment, dans le sport professionnel, une blessure peut mettre fin à la carrière d'un joueur et anéantir tous ses espoirs. C'est un monde impitoyable. Il y a toujours quelqu'un, quelque part, qui rêve de prendre votre place. « Tu apprends vite, quand tu es partant dans la NFL, que tu dois éviter les blessures et t'abstenir du même coup de laisser la chance à un autre joueur de se faire valoir. »

Outre le sentiment désagréable de ne plus faire partie du groupe et de ne plus fournir sa contribution, Laurent avait justement cette crainte bien humaine qu'un remplaçant réussisse mieux que lui et lui vole son poste de partant. « À ce propos, que l'on me comprenne bien, même blessé, je souhaite ardemment la victoire de mon équipe et je désire tout aussi vivement que mon remplaçant se montre à la hauteur. D'ailleurs, je n'ai pas manqué de lui prodiguer mille conseils. »

De nature optimiste, l'athlète de Mont-Saint-Hilaire essaie toujours de voir le côté positif des choses, peu importe ce qui lui arrive. C'est une habitude qui lui vient de son enfance. Dans ce cas-ci, cette expérience lui a permis de voir à l'œuvre le personnel médical des Chiefs. C'est fou tous les efforts que ces gens déploient pour remettre sur pied un joueur blessé. Jamais ils ne précipiteront un retour au jeu, cependant, mais ils feront tout ce qui est humainement possible pour accélérer la guérison. Il faut normalement six semaines pour soigner une entorse à la cheville semblable à celle qui a forcé Laurent à accrocher ses épaulières. L'équipe médicale des Chiefs lui a permis de replonger dans le feu de l'action le 2 octobre, soit trois semaines plus tard. La direction a même fait venir d'Atlanta, par avion, un chiropraticien spécialiste des entorses à la cheville. Toutes les ressources, traditionnelles ou non, sont mobilisées.

Cette première blessure lui a aussi permis d'observer de l'intérieur la façon dont le service de presse des Chiefs compose avec pareille situation. Les responsables des communications veillent à chaque détail, choisissent minutieusement chaque mot. Le 25 septembre 2016, alors que Kansas City affrontait les Jets de New York, le réseau sportif québécois RDS avait dépêché sur place son reporter Didier Orméjuste, un journaliste que Laurent affectionne particulièrement et qui suit pas à pas sa carrière depuis longtemps. Quand il a voulu l'interviewer, Orméjuste a frappé un mur. Un joueur blessé n'est pas libre de dire ce qu'il veut à qui il veut. Laurent a appris la leçon.

Tout au long de sa rééducation, le garde des Chiefs a eu des échanges stimulants avec ses médecins traitants. Tous savaient qu'il était sur le point d'obtenir son diplôme. Évidemment, Laurent posait beaucoup de questions et cherchait à tout comprendre. Sa curiosité intellectuelle l'anime toujours, sans compter qu'il demeure passionné de médecine, même à deux mille kilomètres de chez lui.

Cette blessure lui a permis d'apprécier la qualité des ressources mises à sa disposition. Le centre d'entraînement possédait plus d'équipement médical, notamment des appareils d'imagerie et de résonance magnétique, que bien des hôpitaux du Québec.

Laurent a pu poursuivre sa saison sans être incommodé par d'autres blessures. Les Chiefs ont été sacrés champions de la division Ouest de la conférence américaine. Ils se sont inclinés devant les Steelers de Pittsburgh par la marque de 18 à 16, un match éliminatoire extrêmement serré. Pour le garde à droite de Kansas City, la défaite a été particulièrement amère et douloureuse. Jusqu'à deux minutes de la fin, il a cru, comme ses coéquipiers – et comme les dizaines de milliers de spectateurs et les millions de téléspectateurs –, que son équipe effectuerait une remontée et l'emporterait. Les Chiefs auraient alors été à une victoire de participer au Super Bowl. Tous les espoirs étaient permis, d'autant plus que l'équipe, classée première dans sa division, avait eu une semaine de repos supplémentaire.

Encore une fois, Laurent a constaté à quel point tout s'arrête brutalement. Dès le lendemain de l'élimination, il a vidé son casier. Puis il a rencontré un à un ses entraîneurs. D'abord, l'entraîneur-chef, Andy Reid, puis l'entraîneur de la ligne à l'attaque, Andy Heck, et le coordonnateur de l'offensive, Matt Nagy. Chacun d'entre eux avait de bons commentaires à son endroit. Bref, il a reçu un excellent bulletin. Cette deuxième saison dans un poste de partant aura été celle de la maturité. La recrue qu'il était a gagné énormément en confiance. Dans le vestiaire, il a pris du galon et devient peu à peu un vétéran.

Il a eu droit à une critique fort élogieuse sur un site spécialisé (profootballfocus.com). Il a été sacré meilleur joueur de ligne offensive de la NFL en protection de passe du dernier quart de la saison. Il a maintenu le pourcentage de réussite le plus élevé (99,4 %) au cours des quatre dernières semaines du calendrier.

En soirée, ce même lundi, il a partagé un dernier souper avec ses coéquipiers de la ligne offensive. La brigade est tissée serrée et tout le monde tenait à cette rencontre avant le grand départ pour les vacances. Le lendemain, Laurent et sa copine sont repartis pour Montréal, en voiture. Un périple de vingt-huit heures au bout duquel ils ont retrouvé avec joie leur famille, leurs amis, leurs repères, « leur » ville.

En vertu du contrat qui le liait aux Chiefs depuis 2014, Laurent serait devenu joueur autonome au terme de la saison 2017-2018 et aurait donc pu offrir ses services à d'autres clubs. La direction de l'équipe n'a pas voulu courir ce risque et a confirmé à quel point elle mise sur lui. Le 27 février 2017, Laurent a signé un nouveau contrat de cinq ans, qui le place parmi les cinq joueurs les mieux payés à cette position. Il devient ainsi le joueur canadien le mieux rémunéré de l'histoire de la NFL. En annonçant la nouvelle, John Dorsey, le directeur général des Chiefs, a souligné la progression fulgurante du garde depuis son arrivée chez les professionnels, trois ans plus tôt. « Il joue dorénavant un rôle clé dans notre attaque », a-t-il affirmé.

Le goût de redonner à la société

Un soleil de plomb brillait sur Montréal ce jour-là. Plus de cent soixante élèves de sixième année de trois écoles de la grande région de Montréal avaient convergé, à l'invitation de Laurent Duvernay-Tardif, vers le stade Mémorial Percival-Molson de l'Université McGill, pour participer à une journée d'activités sportives. C'était le 20 juin 2016, une date qui restera marquante pour le garde des Chiefs, parce qu'elle signifiait le début d'une nouvelle aventure, l'aboutissement d'une autre de ses idées un peu folles.

Il avait mis beaucoup de temps à organiser cette journée, ne serait-ce que pour louer l'équipement sportif et recruter des bénévoles, parmi lesquels on trouvait des amis, des membres de sa famille et d'anciens enseignants. La veille, il avait tenu à s'approvisionner de croissants et d'autres viennoiseries à la boulangerie de ses parents.

« Quand j'ai vu les sourires sur les visages de ces enfants venus de Montréal, Repentigny et Kahnawake, j'ai éprouvé une joie incomparable. J'avais ma récompense », raconte-t-il. Pour l'occasion, il avait convaincu d'autres athlètes de se joindre à lui. La patineuse de vitesse sur courte piste et médaillée olympique Marianne St-Gelais, le joueur de hockey des Red Wings de Détroit Xavier Ouellet, Laurence Pontbriand de l'équipe de football féminin du Blitz de Montréal et le porte-couleurs de l'Impact Maxim Tissot ont organisé diverses activités sportives, dont une partie de hockey sur gazon. Les enfants ont adoré leur journée et ne se sont pas privés pour le dire haut et fort aux reporteurs télé présents. Une enseignante a pris la peine d'écrire à Laurent, quelques jours plus tard, pour le remercier et, surtout, pour lui faire savoir que certains de ses élèves, généralement très négatifs et très critiques envers toute initiative, lui avaient confié qu'ils avaient vraiment apprécié cette journée, «l'une des plus belles de toute l'année».

Pour cet amoureux fou de la vie, le football et la médecine ne suffisent pas à son bonheur. «La vie n'aura de sens que si je peux redonner à la communauté. C'est la raison pour laquelle j'ai décidé de m'engager auprès des jeunes et de tout faire pour qu'ils bougent davantage.»

Depuis longtemps, il a l'intime conviction que rien ne vaut l'activité physique pour demeurer en santé et réussir, quoi que l'on fasse. Il n'a rien inventé, des milliers d'études le confirment. «Pourtant, j'observe toujours autour de moi, peu importe le milieu, trop de gens inactifs», déplore-t-il.

Il a lu récemment dans un journal le compte rendu d'une recherche publiée dans la revue *Cardiology*[8] qui l'a renversé:

---

8. S. F. Lewis et C. H. Hennekens, «Regular Physical Activity: A 'Magic Bullet' for the Pandemics of Obesity and Cardiovascular Disease», *Cardiology*, vol. 134, n° 3, 2016, p. 360-363.

à peine 20 % des Américains pratiquent régulièrement une activité physique. Plus de 64 % de la population américaine est considérée comme sédentaire.

C'est étonnant quand on sait que l'activité physique réduit grandement les risques de cancers, d'obésité, de maladies cardiovasculaires, d'arthrite et même de dépression.

Les auteurs de cette étude rappellent que 20 minutes de marche rapide, 3 fois par semaine, brûlent 700 calories et contribuent à diminuer de 30 à 40 % le risque de maladies cardiovasculaires. Les mêmes chercheurs estiment que le manque d'exercice physique est directement responsable de 22 % des maladies coronariennes, de 22 % des cancers du côlon, de 18 % des fractures ostéoporotiques, de 12 % des cas d'hypertension et de diabète et de 5 % des cancers du sein.

Le futur médecin se dit alarmé par l'augmentation spectaculaire de l'obésité chez les jeunes, en particulier au Québec. Il ne peut faire autrement que d'y voir un lien avec le manque d'activité physique et le temps passé devant les écrans d'ordinateur ou de télé et les divers appareils numériques.

Les chiffres lui donnent raison. Une étude de l'Institut de la statistique du Québec menée à partir de données recueillies par Statistique Canada et diffusée en 2015 a démontré que les jeunes Québécois passent en moyenne 23 heures par semaine devant un écran. La proportion de jeunes de 12 à 19 ans qui demeurent plus de 15 heures par semaine devant un écran a grimpé de 54 à 64 %

entre 2007 et 2012[9]. Ce qui est ahurissant, selon cette même étude, c'est que près de 20 % des jeunes passent plus d'heures devant un écran (35 heures) que sur les bancs d'école…

Comme l'ex-athlète olympique Sylvie Bernier et Pierre Lavoie, Laurent Duvernay-Tardif tient à faire partie de ceux qui contribueront à éloigner les jeunes de leurs téléphones dits intelligents et de leurs ordinateurs pour leur donner le goût de pratiquer un sport.

« C'est le défi que je me lance, tant à titre d'athlète professionnel qu'à titre de médecin. Il faut enrayer l'obésité liée à l'inactivité chez les jeunes. » On dira que lui, le géant, n'est pas un modèle en la matière, compte tenu de ses 145 kg (320 lb) et de sa silhouette légèrement ventripotente de joueur de ligne offensive. Il répond qu'il est dans une condition physique exemplaire et qu'il dépense beaucoup plus d'énergie que quiconque. Euphémisme. « Je ressens tout de même l'excès de poids sur mes articulations. Ma position au football m'oblige à maintenir un poids de plus de 140 kg. Je compte perdre rapidement cet excès de poids sitôt ma carrière terminée », précise-t-il.

Lors d'une journée au camp d'entraînement, par temps chaud et humide, au campus St. Joseph, il peut perdre

---

9. D. Du Mays et M. Bordeleau, « Les activités sédentaires chez les jeunes : qui les pratique et quelle en est l'évolution depuis 2007 ? », Série *Enquête sur la santé dans les collectivités canadiennes*, Institut de la statistique du Québec, Zoom santé, n° 50, avril 2015.

jusqu'à trois kilogrammes en une seule matinée. Quand il revient au vestiaire, ses souliers sont trempés comme s'il avait marché dans une rivière. Il faut parfois lui installer un soluté pour le réhydrater et l'aider à reprendre son poids à temps pour la prochaine séance d'entraînement.

On fait monter les joueurs sur le pèse-personne avant chaque séance. S'ils n'ont pas regagné le poids perdu lors de la pratique précédente, ils ne pourront aller sur le terrain. Anecdote triste mais ô combien révélatrice sur l'univers singulier de la NFL : au camp d'entraînement de la saison 2015, il faisait si chaud et les efforts à fournir étaient tels que l'un des joueurs, complètement déshydraté, a eu un arrêt cardiaque. Il a fallu le réanimer.

On ne badine pourtant pas avec l'hydratation dans la NFL. En effet, des représentants du fabricant de boissons sportives Gatorade sont présents au début du camp. Ils installent sur la peau des joueurs réguliers des tampons capteurs de sueur. De cette façon, ils peuvent déterminer précisément les quantités de sels et de minéraux perdues par chaque joueur et ainsi concocter des boissons de réhydratation «personnalisées». «J'ai donc mon propre Gatorade. Quand je vous dis qu'aucun détail n'est négligé», dit Laurent. Les footballeurs de la NFL sont en quelque sorte les formule 1 de la course automobile. L'équipe voit au moindre élément susceptible d'améliorer leur performance.

L'obésité croissante chez les jeunes Québécois inquiète au plus haut point. De nouvelles données particulièrement éloquentes révélées par l'Institut national de santé publique du Québec ont de quoi faire frémir. De 1981 à 2013, le taux d'obésité chez les jeunes de 6 à 17 ans est passé de 1,8 à 9,4 %[10], apprenait-on récemment. Le tour de taille moyen a augmenté de 2,5 cm et le poids moyen s'est accru de 3,6 kg. L'indice de masse corporelle a grimpé de 19,4 à 20,2.

En clair, près de 25 % des jeunes présentent un surplus de poids. Il y a 30 ans, c'était le cas d'à peine 12 % des moins de 18 ans. « Si nous n'intervenons pas rapidement, nous nous préparons collectivement à une catastrophe. Les cas de diabète de type 2, d'hypertension artérielle et de maladies cardiovasculaires exploseront et toucheront des individus de plus en plus jeunes », prévient le futur médecin. La Coalition québécoise sur la problématique du poids estime que les coûts liés à l'obésité s'élèvent déjà à trois milliards de dollars. En 2013, le Canada se classait au troisième rang des pays affichant les pires taux d'obésité infantile, derrière les États-Unis et la Grèce.

Ce sont les filles qui sont davantage touchées : 23 % d'entre elles présentent un tour de taille excessif, contre 7 % des garçons.

Dans l'ouvrage *Pour un Québec en forme*[11] paru récemment, l'ambassadrice des saines habitudes de vie et médaillée d'or

10. Institut national de santé publique du Québec, « Surveillance du statut pondéral mesuré chez les jeunes du Québec : état de situation jusqu'en 2013 », Bureau d'information et d'études en santé des populations, *Surveillance des habitudes de vie*, n° 7, 2016.
11. Québec en forme, *Pour un Québec en forme*, Trois-Rivières, 2016. Le livre peut être téléchargé gratuitement à l'adresse suivante : pourunquebecenforme.org

olympique Sylvie Bernier rappelle en effet que 49 % des filles et 26 % des garçons de 6 à 11 ans font moins de 60 minutes d'activité physique par jour, soit le minimum recommandé. Parmi les élèves de niveau secondaire, la situation est encore plus inquiétante : 65 % des adolescentes et 47 % des adolescents n'obéissent pas à cette recommandation. Une autre donnée fournie par la championne olympique aide à comprendre les racines de ce fléau : « Plus de la moitié des jeunes de 10 à 17 ans mangent au moins trois fois par semaine devant la télévision ou l'ordinateur, alors que le repas en famille est associé à de meilleures habitudes alimentaires. »

Il est encore temps d'agir pour changer les habitudes. L'organisme Québec en forme, né d'un partenariat entre le gouvernement du Québec et la Fondation Lucie et André Chagnon, a soutenu des milliers de projets en ce sens depuis 2007.

« Il faut prendre le relais et ne pas ménager nos efforts. Je veux être de ceux qui feront avancer les choses », dit Laurent.

LDT veut motiver les jeunes à délaisser leurs loisirs sédentaires et à s'adonner davantage à l'activité physique. Il entend souvent des baby-boomers se rappeler la belle époque où l'on envoyait les enfants « jouer dehors », beau temps, mauvais temps. Il y avait là quelque chose de très sain dans cette façon de vivre et il faudra y revenir un peu, croit-il. On voit de moins en moins de jeunes jouer au hockey dans la rue, par exemple, comme cela se faisait avant.

Laurent résume ainsi souvent le secret d'une bonne santé physique et mentale : l'alimentation (qui comprend l'hydratation), l'exercice et le sommeil. C'était sa recette pour réussir dans ses études et c'est aussi la clé pour pouvoir satisfaire aux exigences impitoyables du sport de haut calibre. Au complexe d'entraînement des Chiefs, on sert aux joueurs des repas très sains, toujours équilibrés, toujours riches en légumes, concoctés par des nutritionnistes, de manière à ce que chacun affiche les bons niveaux d'électrolytes et ait de l'énergie à revendre sur le terrain. « Tout le monde ne peut adopter ce mode de vie et ne peut bénéficier d'une telle qualité d'alimentation. Je suis conscient que nous sommes très privilégiés, nous, les athlètes de la NFL. Certains, sitôt sortis du complexe d'entraînement, ont des envies de malbouffe. Ils voient peut-être le menu au travail comme une punition et je ne peux les en blâmer. »

Plusieurs jeunes athlètes avouent manger très peu de légumes. D'autres s'hydratent aux boissons gazeuses plutôt qu'à l'eau. D'autres encore sont des adeptes de suppléments protéinés et de smoothies. « Je me suis toujours tenu loin de ces produits. Je m'en remets à trois bons repas équilibrés par jour. Rien ne remplace les bienfaits de généreuses portions de fruits et de légumes », rappelle Laurent.

Le garde des Chiefs n'encourage pas la prise de suppléments alimentaires. Il pense sincèrement qu'on doit accorder la priorité aux aliments complets, qu'il s'agisse de viandes, de produits laitiers, d'œufs ou de protéines végétales comme le tofu. « Ces produits sont faciles à cuisiner et à incorporer à des collations ou à des smoothies. On parle souvent du coût avantageux des protéines en poudre comparativement à celui de vrais aliments. Rappelons qu'une douzaine d'œufs, c'est douze fois sept grammes de protéines. Il n'y a rien qui puisse battre ça ! »

Sans compter que les préparations peuvent cacher des produits illicites. « Quand on mange de vrais aliments, on sait exactement ce qu'on ingurgite. Cela diminue et prévient les risques de contamination par des substances illégales. Dans un sport comme le football, les joueurs sont testés régulièrement. Il faut donc être vigilant. »

Dès que les recrues entrent dans le circuit, la Ligue les sensibilise à la question du dopage. Avant de consommer quelque nouveau produit ou médicament, on les invite à utiliser une application mise à leur disposition sur leur téléphone intelligent. La prise d'un médicament en vente libre contenant une substance illicite – dont le nom, parfois, ne figure même pas sur l'étiquette – peut suffire à compromettre une carrière. Comme tous ses coéquipiers, Laurent Duvernay-Tardif demeure très méfiant. Il veut à tout prix respecter l'éthique de son sport.

« Par ailleurs, rappelle Laurent, on parle souvent de détresse, de suicide et de dépression chez les jeunes. Or, il est désormais prouvé que l'activité physique régulière exerce un effet bénéfique sur la santé mentale. »

En mai 2016, des chercheurs ont démontré, dans la revue scientifique médicale *JAMA Internal Medicine*[12], que l'activité physique soutenue contribuait à diminuer le risque de souffrir d'au moins treize types de cancers et de la maladie d'Alzheimer. Leurs conclusions s'appuient sur du solide : l'analyse de douze études menées auprès de 1,44 million de sujets.

Ainsi, il en ressort que les grands sportifs réduisent leurs risques de cancers du foie de 27 %, du poumon de 26 %, du côlon de 16 %, de la vessie de 13 % et du sein de 10 %, et leurs risques de leucémie de 20 %. Seuls les risques de cancers de la prostate (5 %) et de la peau (27 %) ne diminuent pas. Il faut toutefois préciser que les sportifs, plus exposés au soleil que les sédentaires, sont de plus en plus sensibilisés aux dangers des rayons ultraviolets et aux bienfaits des crèmes de protection solaire.

Dans la remarquable préface de l'ouvrage *Pour un Québec en forme,* signée par le Dr Martin Juneau, cardiologue, directeur de la prévention à l'Institut de cardiologie de Montréal et professeur agrégé de clinique à la faculté de médecine de l'Université de Montréal, il est dit que la question des saines habitudes de vie n'est plus vraiment une affaire d'éducation. « […] en 2016, l'enjeu n'est plus là. Les sondages confirment que la majorité de la population sait très bien qu'il faut manger plus de fruits et légumes, bouger davantage et ne pas fumer pour être en santé. La question

---

12. Steven C. *Moore et al.* « Association of leisure-time physical activity with risk of 26 types of cancer in 1,44 million adults », *JAMA Internal Medicine*, vol. 176, n° 6, juin 2016, p. 816-825.

qu'il faut plutôt se poser est la suivante : pourquoi les gens tardent-ils autant à adopter de saines habitudes de vie, même s'ils savent que c'est important pour eux ? »

Bonne question. En gros, répond-il, c'est parce qu'il y a encore trop de barrières dans notre environnement. Par exemple, le prix des fruits et des légumes augmente sans cesse alors que celui de la malbouffe diminue. Aussi, dans certains quartiers, surtout les plus pauvres, on trouve davantage de chaînes de restauration rapide que de commerces d'aliments sains.

Laurent croit beaucoup au travail des leaders d'opinion pour promouvoir l'activité physique et autres bonnes habitudes. Pierre Lavoie, entre autres, a réussi avec les années à rallier à sa cause plus de cent cinquante mille jeunes élèves du primaire. En 2016, son Grand Défi lui a permis d'amasser trois millions de dollars, lesquels seront répartis dans trois cent cinquante écoles afin de promouvoir un mode de vie sain. Il est une inspiration pour le footballeur.

À l'été 2016, Laurent a entrepris de s'entourer d'une équipe dynamique composée d'amis et de professionnels du domaine sportif. Ensemble, ils ont travaillé à mettre sur pied une fondation à but non lucratif qui se donne pour mission de promouvoir l'activité physique et les saines habitudes de vie chez les jeunes. La Fondation Laurent-Duvernay-Tardif organisera des activités multisports dans le milieu scolaire. Son objectif est d'encourager le modèle de l'étudiant actif qui, à l'image de Laurent, combine le sport et les études. « L'événement du 20 juin, au stade Mémorial

Percival-Molson, constituait en fait une répétition générale», explique Laurent.

Après avoir accédé à la NFL, après y avoir fait carrière et avoir obtenu son diplôme de médecin, Laurent s'est donné comme objectif de devenir un ambassadeur itinérant de l'activité physique auprès des jeunes. C'est d'ailleurs à cet aspect de sa vie que l'on s'attardera le plus, espère-t-il, quand on écrira sa véritable biographie, un de ces jours…

CONCLUSION

Mon regard sur LDT :
un être fascinant et inspirant

Je l'ai connu alors qu'il n'était qu'un jeune adolescent. Je ne savais pas, bien évidemment, que ce gamin, déjà plus grand que la moyenne, deviendrait un jour un joueur de la prestigieuse NFL ni même qu'il choisirait d'étudier la médecine. J'avais tout de même le pressentiment qu'il ferait quelque chose de différent, d'inspirant. J'avais observé chez lui une curiosité rare pour un garçon de son âge, un appétit de vivre hors du commun. Et un « appétit tout court » certes exceptionnel, même si, à l'époque, il était svelte comme un coureur de dix mille mètres. Il fallait voir cet ogre dévorer une lasagne et se taper un litre de jus d'orange quand il venait manger à la maison…

Il avait bien sûr quelques petits défauts. On ne parle pas ici d'un saint, évidemment. Mais il fallait les chercher, ces petits défauts, car ils ne sautaient pas aux yeux. Hyperactif ? Un peu brouillon, voire désorganisé ? Pas trop fort en français, à la rigueur… ?

Il reste qu'il ne ressemblait pas tout à fait aux autres adolescents et laissait déjà entrevoir l'être d'exception qu'il deviendrait. Il s'intéressait à la fois à la science, aux arts, aux sports, à la politique, à l'histoire du Québec ou de la Seconde Guerre mondiale. Il fabriquait des meubles en bois dans l'atelier de son père, cuisinait et empotait du pesto ou des confitures, selon la saison. Il roulait des sushis, tricotait des écharpes et des mitaines à son amoureuse, apprenait le violon, grattait la guitare, battait tout le monde au Scrabble, savait naviguer à voile, plantait tous ses adversaires au badminton et aimait aller pique-niquer au sommet du mont Saint-Hilaire, beau temps, mauvais temps. Et, presque accessoirement, il jouait au football, bien sûr.

Il avait aussi un sens de l'amitié assez prodigieux, de sorte que tous les élèves du collège Saint-Hilaire recherchaient sa compagnie. C'est chez lui, dans la vaste maison de ses parents ou sur l'immense terrain adjacent, que l'on faisait la fête. C'est lui qui rassemblait les troupes, du primaire au secondaire, du collège à l'université. C'est lui qui organisait les gros *partys* et tout le monde y était bienvenu.

Dans le quotidien, il posait constamment des questions, cherchait à comprendre le pourquoi des choses. Il avait également un sens de l'écoute plutôt rare chez un adolescent. Il s'intéressait vraiment aux autres. Il vous regardait droit dans les yeux, vous donnait une poignée de main franche – «la plus grande main que vous allez serrer dans votre vie», écrira plus tard un journaliste américain après l'avoir rencontré. Sitôt qu'il entrait dans une pièce, il en aspirait malgré lui tout l'air et cela n'avait rien à voir avec sa taille. C'était déjà un séducteur, au sens noble du terme. Son magnétisme ne faisait pas de doute. Infatigable, il avait – et a encore – toujours la tête pleine de projets. À tel point, raconte sa mère, qu'il se réveille la nuit pour coucher ses idées sur papier.

On appelle le stade Arrowhead, domicile des Chiefs de Kansas City, la « marée rouge ». Ne cherchez pas trop le sens de cette expression. Imaginez-vous tout simplement plus de soixante-seize mille personnes vêtues de chandails aux couleurs des Chiefs, entassées dans cette arène et vous la sentirez, cette marée rouge. C'est en voyant Laurent s'échauffer sur ce terrain avec ses coéquipiers, le jour où j'ai assisté à mon premier match à Kansas City, que j'ai mesuré l'ampleur du chemin parcouru en si peu de temps par ce grand ado qui venait si souvent à la maison. Il fut en effet le copain de ma fille pendant quelques années.

Je l'ai vu prendre son envol, devenir peu à peu non seulement un athlète d'élite et un étudiant remarquable, mais aussi une personne publique d'envergure, un formidable communicateur. Je l'ai vu devenir ce géant à la barbe noire et drue – il mesure 1,95 m (6 pi 5 po) et pèse 145 kg (320 lb).

Si j'ai accepté de consacrer du temps à cette biographie un peu « prospective » – un nouveau genre littéraire ! –, c'est que j'ai l'intime conviction que Laurent Duvernay-Tardif a effectivement beaucoup à dire, en particulier aux adolescents pour qui il m'apparaît en quelque sorte un modèle. J'ai également senti chez lui une véritable envie de s'engager, de redonner à la société, de partager son expérience et d'être une inspiration. Comme on le sait débordé par la médecine et le football, on le comprendrait aisément de profiter de chaque moment libre pour se reposer. Il choisit plutôt le don de soi et c'est tout à fait admirable.

Malgré des horaires parfois inhumains, une fois sa saison de football terminée, il tient à aller à la rencontre de jeunes le plus souvent possible. Sa générosité n'a pas de bornes. Je me souviens de l'avoir vu se rendre à Saint-Jean-sur-Richelieu, au camp de football de son ami Bruno Heppell, après avoir passé une nuit blanche à préparer une étude de cas et une bonne partie de la journée en clinique. Il aurait eu mille raisons de décliner l'invitation, mais il tenait, malgré la fatigue, à honorer son engagement.

Avec Sasha, son agent, il organise leur propre camp de football, à l'intention de jeunes joueurs de niveau collégial. Il a convaincu des professionnels de la NFL et de la Ligue canadienne de football de se joindre à lui.

Je l'ai accompagné à diverses occasions dans ses activités. Je me souviens particulièrement d'une conférence qu'il a prononcée devant les élèves du collège Saint-Paul, à Varennes, au printemps 2016. Dans l'amphithéâtre bondé, les jeunes étaient suspendus à ses lèvres… tout comme les enseignants et le directeur, Serge Robillard, lui-même un passionné de football. Laurent sait parler aux jeunes. Il faut les voir perdre peu à peu leur timidité et se lier d'amitié avec ce gentil géant. Il est vrai qu'il arrive aisément à se mettre dans leur peau, car son adolescence n'est pas si lointaine, après tout. Laurent leur lance un message simple et clair: «N'ayez pas peur d'être vous-même, de faire ce qui vous passionne, que ce soit sur le plan artistique ou sur le plan sportif. Certains vous diront que c'est trop ou que c'est impossible. Mais les limites sont faites pour être dépassées et il ne faut pas avoir peur de sortir des sentiers battus. La seule raison pour laquelle certains vous diront que c'est impossible à faire, c'est que personne ne l'a fait avant.» De la part d'un quelconque motivateur professionnel, ces mots sonneraient comme des clichés un peu faciles. De la bouche de Laurent, ils prennent tout leur sens.

Il leur dit de viser l'équilibre, de garder du temps pour les amis, pour les activités sociales. Surtout, il les invite à s'intéresser à tout. «Oui, il ne faut pas négliger les études pour s'ouvrir tous les horizons. Mais ne soyez pas obsédés par les résultats scolaires au point de renoncer à tout le reste. Même si vous voulez aller en médecine, précise-t-il. Vous mettez davantage les chances de votre côté si vous avez excellé dans d'autres domaines que l'école, si vous avez une personnalité forte. Ne cherchez pas à être les meilleurs dans tout. Essayez de bien "compartimenter" votre vie: donnez-vous à fond dans vos études et donnez-vous tout aussi à fond dans vos activités parascolaires.»

Au-delà de ça, il leur répète de ne pas avoir peur de viser haut, de viser le sommet, sans complexe. En ce sens, Laurent appartient à cette nouvelle génération de Québécois qui, sans pour autant verser dans l'arrogance, sont animés par des aspirations très élevées et l'affichent clairement. On a vu tant d'hommes «perdants» dans l'imagerie québécoise, notamment dans la fiction et la publicité, où il y a tant de contre-modèles. Dans son univers, elle est révolue l'époque où l'on se voyait «petits». Pensez à Xavier Dolan, qui assume son ambition, qui est dépourvu de tout complexe et qui clame haut et fort qu'il vise la Palme d'or à Cannes, rien de moins. Et que dire de Laurent et de son fidèle agent, Sasha Ghavami, qui ont réussi, contre vents et marées, à atteindre la NFL? Même pour un joueur universitaire américain de la National Collegiate Athletic Association, c'est un but quasi irréaliste. Imaginez pour un Québécois… Des sceptiques, des éteignoirs voyaient en eux des émules de Don Quichotte et Sancho. Ils ont été confondus.

Laurent Duvernay-Tardif a été sacré «l'homme le plus intéressant de la NFL» par le quotidien américain *Kansas City Star*. Premier Québécois à être repêché par une équipe de la NFL depuis quinze ans, il a fait l'objet de reportages dans le magazine américain *Sports Illustrated* et sur la chaîne ESPN. On pourrait croire, à force de lire ces portraits et de regarder ces reportages, que Laurent est un premier de classe sans histoire, un «plus que parfait» qui a eu un cheminement très classique, une version québécoise de l'«American Boy», carriériste venu du Nord. Il n'en est rien. Oui, il a été et il demeure un véritable premier de classe. Or, il a suivi, comme ses parents, un chemin peu commun. Rares sont les adolescents qui ont, comme lui, passé deux années complètes sur un voilier. Et rares sont les joueurs de football professionnels qui ont, comme lui, atteint la NFL sans avoir passé leur enfance à en rêver. À quatorze ans, il ignorait encore qui était Tom Brady. Ce côté iconoclaste le rend irrésistible.

Il est fascinant et inspirant, disais-je. Vous en connaissez, vous, des joueurs de football professionnels qui vous appellent, la veille d'un match, pour obtenir une recette de tarte aux pommes? Moi pas... Notre homme s'était porté volontaire pour apporter une touche toute québécoise au repas d'équipe de la Thanksgiving. Il a mis la main à la pâte : ces colosses ne se contentent pas d'une pointe de tarte. Il en fallait une par joueur !

Dans le parking réservé aux joueurs attenant au vestiaire des Chiefs, au stade Arrowhead, on ne compte plus les voitures de luxe et les utilitaires sport. Le premier geste que posent bien des athlètes professionnels sitôt qu'ils encaissent leur premier chèque de paye, c'est de s'acheter une rutilante Porsche ou autre véhicule haut de gamme. Laurent, lui, se rend au stade dans un vieux Jeep CJ8 de 1981, sans toit ni portières, qui lui a coûté dix mille dollars.

J'ai fait l'expérience avec lui et l'ai accompagné sur la route qui sépare son appartement, situé au centre-ville, du complexe d'entraînement. Aux intersections, on le salue, tantôt parce qu'on reconnaît l'étoile montante de la ligne offensive des Chiefs, tantôt parce qu'on veut lui parler de son véhicule un peu rétro. En novembre, quand l'équipe rentre en pleine nuit d'un match à l'étranger et qu'il doit revenir à la maison sous la neige, il lui arrive parfois de remettre en question son choix de voiture, sans toit ni portières. Le charme romantique du Jeep opère moins.

À Montréal, il roule à bicyclette ou dans une Jetta d'occasion qui lui a coûté huit mille dollars. Marginal et bohème, notre homme. Durant la saison morte, entre deux quarts de travail à l'hôpital, quelques périodes d'études et des heures quotidiennes d'entraînement au studio Locomotion, dans l'est de la ville, il fréquente les galeries d'art contemporain et est d'ailleurs devenu porte-parole de la Foire d'art contemporain Papier de Montréal. À Kansas City, quand il dispose enfin d'une rare journée de congé, il écume les musées et les nombreuses galeries du sympathique quartier Crossroads Arts District.

Ne nous y trompons toutefois pas : il éprouve une réelle passion pour le football. Si certains jugent ce sport barbare et trop violent, il l'envisage au contraire comme un grand défi intellectuel, un sport de stratégie, aussi complexe et raffiné que les échecs. C'est en outre, insiste-t-il, une formidable école de vie où l'on apprend l'importance du travail d'équipe, la joie de la victoire, le chagrin des défaites, la solidarité, la camaraderie, l'esprit de corps, la résilience et l'humilité. « Mon parcours dans la NFL m'a appris la diversité culturelle, le respect et beaucoup plus. Ça fera de moi une meilleure personne et, éventuellement, un meilleur médecin », dit-il.

Ceux qui lèvent le nez sur le sport oublient parfois qu'il fait partie intégrante de la culture d'un peuple. Le grand philosophe et romancier Albert Camus disait d'ailleurs puiser bien des leçons de morale dans le foot (soccer).

Aux États-Unis, quand on veut donner un aperçu de la popularité et de la puissance de la NFL, on dit qu'elle possède une journée de la semaine, comme jadis l'Église : le dimanche. C'est un rituel immuable, en effet. De septembre à février, des millions d'Américains consacrent leurs dimanches après-midi à l'écoute des matchs de football, avec une ferveur presque mystique, sans jamais sauter une semaine, comme du temps où tout le monde allait à la messe dominicale. Le Super Bowl, l'apothéose, la grande finale demeure l'événement en direct le plus regardé à la télévision américaine et attire un auditoire de quelque cent quinze millions de téléspectateurs. Les réclames publicitaires de trente secondes coûtent cinq millions de dollars américains aux annonceurs. Même le Québec est atteint de cette frénésie annuelle et les auditoires frôlent le million. Le *party* du Super Bowl fait maintenant partie des traditions québécoises. Tous les grands chefs proposent leurs recettes d'ailes de poulet pour l'occasion.

La passion pour ce sport s'est faufilée jusque dans la langue de tous les jours des Américains, au point d'inspirer bien des métaphores et expressions. On appelle ainsi « *monday morning quarterback* » (le quart-arrière du lundi) celui qui, dans une entreprise, remet en question les choix stratégiques de la direction. Il est toujours facile de contester une décision après coup, une fois qu'on en connaît les conséquences. Pour désigner celui qui a la responsabilité d'un dossier dans un gouvernement ou une autre organisation, on dit souvent qu'il est « le porteur de ballon ».

J'aime ce sport depuis toujours, même si je ne l'ai jamais pratiqué. Enfant, je passais mes dimanches après-midi, devant un immense téléviseur en noir et blanc, à admirer les prouesses des Joe Namath, Bart Starr, Johnny Unitas et autres vedettes du temps, décrites par les voix de velours de Raymond Lebrun, Jean Séguin ou Yves Létourneau. Du haut de mes neuf ans, je me prenais pour un journaliste sportif et je rédigeais des comptes rendus des matchs sur ma petite machine à écrire, que je soumettais ensuite à ma mère. Ce sport a quelque chose de fascinant.

LDT a parfaitement raison. Bien qu'il s'agisse d'un sport de contact, le football a une certaine noblesse. « En fait, c'est peut-être le sport où le concept d'équipe est le plus important[13] », écrivent l'historien Marc Simard et l'entraîneur Mike Labadie dans *Passion football. Le football expliqué.* « Des onze ou douze joueurs (selon les ligues) qui se trouvent sur le terrain en même temps pour chacune des équipes, chacun a un rôle précis à jouer à chaque jeu. C'est pourquoi l'amateur averti ou l'expert de football ne se contenteront pas de regarder le ballon ou le joueur qui l'a en sa possession, puisque chaque joueur fait partie de l'action à chaque jeu : on peut apprécier tout autant le bloc d'un joueur de ligne ou le blitz d'un secondeur qu'une passe réussie ou un long gain par la course[14]. »

En proposant ce projet de livre, Laurent Duvernay-Tardif cherchait aussi à préparer le contenu des conférences qu'il continuera de prononcer devant des jeunes Québécois et peut-être même devant des jeunes Américains, qui sait ?

Profondément enraciné et attaché au Québec, même s'il passe une bonne partie de l'année dans le Midwest des États-Unis, Laurent désire sincèrement contribuer à prévenir le décrochage et à promouvoir l'activité physique. Plus de trente pour cent des garçons québécois abandonnent leurs études sans obtenir de diplôme et hypothèquent ainsi grandement leur avenir. Ne soyez pas surpris de le voir débarquer dans une école primaire ou secondaire près de

---

13. Simard et Labadie, *op. cit.*
14. *Ibid.*

chez vous. Il a en effet l'intention, grâce à la Fondation qu'il a créée, de visiter les écoles et d'y organiser des journées d'activités sportives. Et il trouvera bien sûr le temps de se dévouer à cette cause qui lui tient réellement à cœur tout en exerçant la profession de médecin, probablement spécialisé en médecine sportive. C'est fou tout ce que peut faire un hyperactif quand il parvient à bien canaliser son énergie.

Un garçon intéressant, disait-on. Euphémisme. Il aurait pu se satisfaire d'un destin déjà ambitieux et improbable, celui d'être à la fois joueur de football dans la NFL et médecin diplômé de McGill. Ce n'était pas assez pour lui. Il est plutôt de cette race rare d'individus qui exigent toujours davantage de la vie, parce qu'ils aiment trop la vie, justement. Il y a longtemps, alors que j'étais jeune reporter au *Devoir*, j'ai interviewé un homme de vingt-cinq ans qui, comme Laurent, avouait avoir tellement de projets dans la tête qu'il se réveillait parfois la nuit. C'était un certain Guy Laliberté. Il allait justement devenir… Guy Laliberté! Il y a des rêveurs qui tiennent parole. Au fait, Laurent a tourné en octobre 2016 une publicité pour le Cirque du Soleil afin d'annoncer un spectacle de la compagnie québécoise présenté à Kansas City. Tout est dans tout, comme le disait un de mes vieux professeurs.

C'est plutôt sur les traces de Pierre Lavoie, de Sylvie Bernier et du Dr Gilles Julien, le grand maître de la pédiatrie sociale, que veut marcher Laurent Duvernay-Tardif: être un semeur d'espoir auprès de la jeunesse. Ce n'est pas pour rien que le magazine avant-gardiste québécois *Urbania* l'a reconnu, en 2016, comme étant « l'un des cinquante

Québécois qui créent l'extraordinaire » et a publié sa photo en couverture.

Si tout fonctionne comme il l'entend – et, en général, tout fonctionne comme il l'entend –, on inscrira dès le début de la saison 2018-2019 «Dr Duvernay-Tardif» au dos du chandail numéro 76 des Chiefs de Kansas City qu'il porte si fièrement. Ce sera une première dans l'histoire de la ligue.

Ce jeune homme au regard clair et au front bombé d'idéal a décidément le vent dans les voiles. Et il ira loin, très loin. Je ne serais pas surpris de le voir un jour s'engager en politique, sur les traces de son illustre grand-père. Je l'imagine déjà ministre de la Santé…

Table des matières